EL PROPÓSITO DE
CELEBRAR LA
Navidad

EL PROPÓSITO DE
CELEBRAR LA
Navidad

RICK WARREN

HOWARD BOOKS
A DIVISION OF SIMON & SCHUSTER

NEW YORK ✦ LONDON ✦ TORONTO ✦ SYDNEY

Nuestro propósito en Howard Books es:

- *Incrementar la fe* en los corazones de los cristianos según crecen espiritualmente
- *Inspirar santidad* en las vidas de los creyentes
- *Infundir esperanza* en los corazones de los que se enfrentan a dificultades en todas partes.

¡Porque Él viene otra vez!

 Publicado por Howard Books, una división de Simon & Schuster, Inc.
HOWARD 1230 Avenue of the Americas, New York, NY 10020
BOOKS www.howardpublishing.com

Título en inglés: *The Purpose of Christmas* © 2008 Rick Warren

ISBN-13: 978-1-4391-2207-5
ISBN-10: 1-4391-2207-5

10 9 8 7 6 5 4 3 2 1

HOWARD y el colofón son sellos editoriales registrados de Simon & Schuster, Inc.

Hecho en Estados Unidos de América

Para obtener información respecto a descuentos especiales en ventas al por mayor, diríjase a: *Simon & Schuster Special Sales* al 1-800-456-6798 ó a la siguiente dirección electrónica: business@simonandschuster.com.

Editado por Denny Boultinghouse
Diseño de cubierta de John Lucas
Diseño interior de Jaime Putorti con Suet Y. Chong
Traducción: Howard Books
Adaptación y estilo: Leonardo Nesticó y Ruth Stremiz-Nesticó

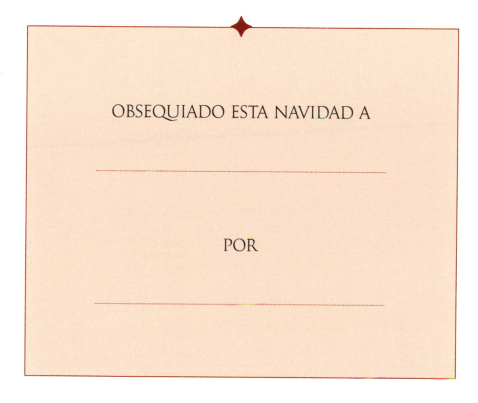

OBSEQUIADO ESTA NAVIDAD A

POR

En todo tiempo ama el amigo
y es como un hermano en tiempo de angustia.

PROVERBIOS 17:17 RVR1995

*Este libro está dedicado a los que
aceptarán, abrirán y disfrutarán el regalo
de Navidad que Dios nos ofrece.
¡Feliz Navidad!*

RICK WARREN

ÍNDICE

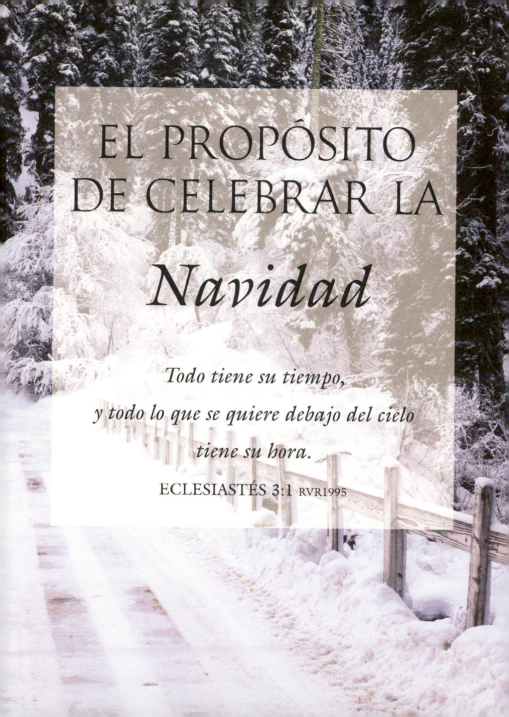

EL PROPÓSITO DE CELEBRAR LA

Navidad

Todo tiene su tiempo,

y todo lo que se quiere debajo del cielo

tiene su hora.

ECLESIASTÉS 3:1 RVR1995

¿POR QUÉ ES TAN IMPORTANTE LA NAVIDAD?

E s la mayor festividad anual en todo el mundo. Otras celebraciones duran un solo día, pero el clima de celebración de la Navidad se extiende durante todo un mes, es decir, la duodécima parte de un año. Durante la temporada de Navidad miles de millones de personas abandonan sus quehaceres rutinarios para adornar sus casas, enviar tarjetas con mensajes navideños, comprar regalos, ir a fiestas de Navidad, asistir a servicios religiosos, cantar villancicos, ver programas especiales de la televisión dedicados a la Navidad y hacer largos viajes para reunirse con sus familias. Los espectáculos y los sonidos de la Navidad inundan el ambiente. Hay establecimientos, e incluso profesiones que se dedican exclusivamente a la preparación y celebración de esta fiesta. Cuando llega la Navidad, uno no puede ignorarla. Está por todas partes.

Si uno se pone a pensarlo bien, es increíble que el nacimiento simple y sin pretensiones de un bebé campesino, ocurrido hace dos mil años en el Medio Oriente, haya causado tal conmoción: aun hoy, su cumpleaños causa congestiones de tránsito en lugares como Nueva York, Tokio y Río de Janeiro.

Quizás nunca te hayas dado cuenta de que cada vez que revisas tu calendario, mencionas una fecha o la escribes, estás usando a Jesucristo como punto de referencia. La historia se basa en Cristo para dividir los tiempos en AC (antes de Cristo) y DC (después de Cristo). Cualquier otro acontecimiento en la historia y cualquier fecha actual en tu agenda, se cuentan a partir de los días y años que han transcurrido desde que Jesucristo vino a la Tierra.

¡Hasta tu cumpleaños está fechado por el de Cristo!

La noche en que Jesucristo nació en Belén, un grupito de pastores humildes cuidaba tranquilamente sus rebaños de ovejas en un campo cercano. Mirando las estrellas, nada parecía ser diferente de tantas otras noches. Pero lo que estaba a punto de ocurrir transformaría no sólo las vidas de los pastores, sino también millones y millones de otras vidas. El mundo no volvería a ser igual. De repente, un resplandor brillante iluminó el cielo, y un ángel de Dios apareció sobre ellos y comenzó a hablarles. A los pastores les pareció increíble y sintieron un miedo mortal.

La Biblia nos presenta el relato de la primera Navidad:

En esa misma región había unos pastores que pasaban la noche en el campo, turnándose para cuidar sus rebaños. Sucedió que un ángel del Señor se les apareció. La gloria del Señor los envolvió en su luz, y se llenaron de temor. Pero el ángel les dijo: «No tengan miedo. Miren que les traigo buenas noticias que serán motivo de mucha alegría para todo el pueblo. Hoy les ha nacido en la ciudad de David un Salvador, que es Cristo el Señor. Esto les servirá de señal: Encontrarán a un niño envuelto en pañales y acostado en un pesebre».

De repente apareció una multitud de ángeles del cielo, que alababan a Dios y decían:

«Gloria a Dios en las alturas, y en la tierra paz a los que gozan de su buena voluntad».

LUCAS 2:8–14 NVI

El ángel dijo que la Navidad traería «mucha alegría . . . ¡para todo el pueblo!» ¿Realmente es así? Para muchas personas, prepararse para la Navidad parece más un fastidio que un motivo de alegría. Es más bien una causa de estrés. La llegada de la Navidad redunda en más presión, no en regocijo. Es una obligación, no un placer. Padecen la Navidad, en lugar de disfrutarla.

Hay muchas razones por las cuales podrías sentirte molesto, solo o incluso deprimido durante la temporada navideña. La sola idea de pasar un tiempo con algunos parientes extraños te podría resultar aterradora. Tal vez, las relaciones con tu familia son tensas e incómodas. Quizás no tienes con quién pasar esta Navidad. La Navidad puede traerte el recuerdo de seres queridos que ya no están, cosas que has perdido, penas que has sufrido o cambios que han ocurrido en tu vida. Es posible que la Navidad no forme parte de tu trasfondo religioso o que no tengas ninguna convicción espiritual; de modo que te incomoda ver que otros celebren la Navidad. Tal vez, sólo estás exhausto y desgastado por todo lo que te ha pasado a lo largo de este último año. Dios está profundamente interesado en cómo te sientes en esta Navidad, y yo también. Es por eso que he escrito este libro.

Independientemente de tus orígenes, religión, problemas o circunstancias, la Navidad es realmente la mejor noticia que puedes recibir. Debajo de todo el ruido y el espectáculo que se genera en torno a la temporada navideña, subyacen algunas verdades sencillas y profundas que pueden transformar positivamente tanto tu vida aquí en la tierra, como tu vida en la eternidad. En este momento, lo más importante es que entiendas las implicaciones de la Navidad para tu vida.

Si eres capaz de serenarte unos minutos, de tomarte el tiempo suficiente para leer este breve libro, y te detienes a considerar el propósito de celebrar la Navidad, podrás recibir y disfrutar del mejor regalo de Navidad que jamás te hayan dado. El regalo de Navidad que Dios te ofrece.

El regalo de Navidad que Dios te ofrece tiene tres cualidades que lo hacen singular. La primera es que se trata del regalo más caro que hayas recibido jamás. Es inapreciable. Jesús lo pagó con su propia vida. La segunda, es que se trata del único regalo que te durará *para siempre*. Finalmente, es un regalo extremadamente práctico que usarás diariamente durante el resto de tu vida. ¿Te gustaría aceptarlo?

No estás leyendo este libro por accidente. Dios planeó tu nacimiento y antes de que nacieras, sabía que llegaría este momento. En efecto, quizás toda tu vida hasta hoy haya sido una preparación para recibir el regalo de Navidad que Dios te ofrece.

La noche de la primera Navidad, el ángel anunció que el nacimiento de Jesús tenía tres propósitos:

¡La Navidad es un tiempo de celebración!

¡La Navidad es un tiempo de salvación!

¡La Navidad es un tiempo de reconciliación!

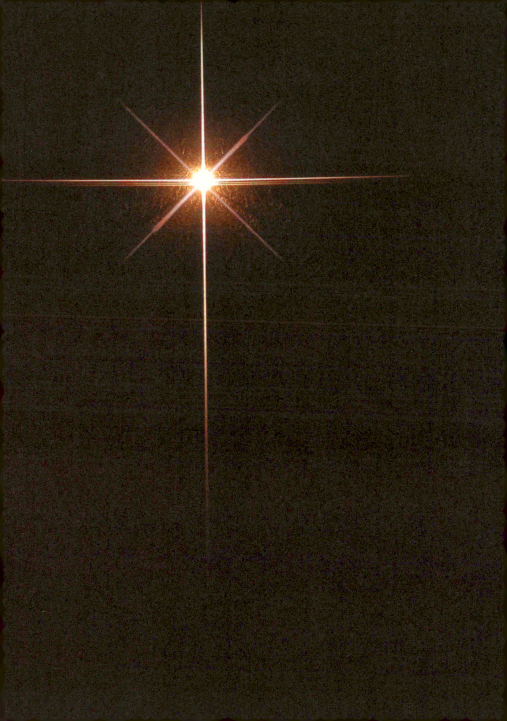

UN TIEMPO DE

celebración

Este es el día en que el Señor ha actuado:

¡estemos hoy contentos y felices!

SALMO 118:24 DHH

La Navidad es una fiesta; específicamente, *una fiesta de cumpleaños* para Jesús; y los cumpleaños existen para ser celebrados. Es por eso que decimos: «¡*Feliz* Navidad!».

Irónicamente, en la mayoría de las fiestas de Navidad, ignoramos por completo a la persona cuyo nacimiento se supone que estamos celebrando. Con frecuencia se pasa por alto que Jesús es la razón de los festejos, o meramente se lo menciona junto con el «Reno Rodolfo», el «Muñeco de Nieve», «Papá Noel», los «duendes» y una larga lista de personajes de ficción.

Mientras escribía este librito, decidí hacer una encuesta entre la gente que hacía sus compras de Navidad.

Le pregunté: «¿Qué celebras en esta Navidad?». La mayoría de las respuestas no tenía nada que ver con Jesús:

- ❖ «Celebro el haber tenido otro año de éxito».

- ❖ «Celebro estar en casa con mi familia».

- ❖ «Me dieron un bono de Navidad».

- ❖ «Mi hijo regresó de Irak».

- ❖ «El candidato por el que voté salió electo».

- ❖ «Celebro que he terminado todas mis compras».

- ❖ «Celebro cualquier cosa. Sólo intento sobrevivir».

Los preparativos navideños pueden ocasionar un montón de trabajo, especialmente para las mamás. La presión de comprar regalos, enviar tarjetas, adornar la casa, poner luces, cocinar, asistir a fiestas y limpiar todo al final realmente nos deja poco tiempo para disfrutar del significado de la Navidad.

¡El primer propósito de la Navidad es *celebrar!* Nos damos cuenta de esto al observar las primeras palabras que el ángel les dice a los pastores de Belén. Dios tiene estupendas noticias para todos nosotros que nos harán regocijarnos, celebrar y hacer una fiesta:

> *«. . . les traigo buenas noticias que serán*
> *motivo de mucha alegría para todo el pueblo».*
>
> LUCAS 2:10 NVI

Las buenas noticias de la Navidad merecen celebrarse por tres razones: son personales: *«les traigo [a ustedes, a TI]».* Son positivas: *«BUENAS noticias que serán motivo de gran alegría».* Y son universales: *«para TODO el pueblo».* No importa quién eres, lo que has hecho, dónde has estado o hacia dónde te diriges: esta noticia es para ti.

Una revista nacional solía tener una sección titulada «Noticias que te benefician». Siempre leía esa sección antes que las otras. El ángel nos trajo noticias que nos benefician. Las mejores noticias del mundo:

¡Dios te ama!

¡Dios está contigo!

¡Dios está de tu parte!

¡LA NAVIDAD ES UN TIEMPO PARA CELEBRAR QUE DIOS TE *AMA*!

L a declaración más famosa de la Biblia es aquella donde Jesús explica por qué Dios lo envió a la tierra: *«Porque de tal manera amó Dios al mundo, que ha dado a su Hijo único para que todo aquel que en él cree no se pierda, sino que tenga vida eterna»*[1].

La razón completa de la Navidad es el amor de Dios. Dios te ama tanto que vino a la tierra como un ser humano para que pudieras llegar a conocerlo, aprendieras a confiar en él, y correspondieras su amor. Los teólogos llaman a esto la *encarnación*. Dios se hizo uno de nosotros, un ser humano, de manera que pudiéramos conocerlo tal como es en realidad.

Dios ha dado a los seres humanos la capacidad de

conocerle de un modo en que los animales no pueden. Nos creó *a su imagen*[2], lo cual incluye la capacidad de disfrutar una relación personal con él. Luego, tomó la iniciativa de enviar a Jesús, de manera que pudiéramos entender su amor y la necesidad que tenemos de Él.

Naturalmente, con la simple observación de la creación llegamos a conocer un poquito acerca de Dios. Por ejemplo, al mirar la naturaleza nos damos cuenta de que nuestro Creador ama la variedad: creó un universo increíblemente diverso. Piensa en la innumerable selección de plantas, animales, formaciones rocosas, copos de nieve y personas. No hay dos seres humanos, ni siquiera los gemelos, que sean exactamente iguales. Dios no hace clones o copias. Cada uno de nosotros es original. Después que naciste, Dios rompió el molde.

Por la observación de los fenómenos naturales, aprendemos también que Dios es poderoso, organizado y que ama la belleza. Nos damos cuenta de que Dios se alegra cuando ve que disfrutamos lo que él ha

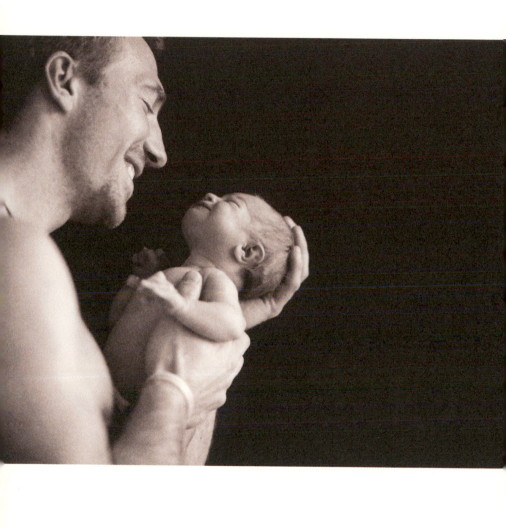

creado. De lo contrario, ¿por qué nos habría dado tantas cosas para nuestro disfrute? Nos dio las papilas gustativas y luego llenó el mundo de sabores increíbles como el chocolate y la canela; además de todas las otras especias. Nos dio ojos para percibir los colores de un mundo que llenó con un arco iris de tonalidades. Nos dio oídos sensibles para escuchar los ritmos y la música que puso en el mundo. Tu capacidad para disfrutar es la prueba del amor de Dios por ti. Podría haber hecho el mundo insípido, incoloro y sin sonidos. La Biblia dice que Dios «*nos provee de todo en abundancia para que lo disfrutemos*»[3]. Él no tenía que hacerlo, pero lo hizo porque nos ama.

Sin embargo, hasta la llegada de Jesús, nuestra comprensión del amor de Dios era limitada. ¡De manera que Dios invadió la tierra! Fue la mayor invasión de la Historia, y nada ha sido igual desde entonces. Dios pudo haber escogido miles de otras maneras de comunicarse con nosotros, pero, puesto que él nos concibió, sabía que la mejor manera de comunicarse con nosotros era cara a cara.

Si Dios hubiera querido comunicarse con las aves, se habría convertido en ave. Si Dios hubiera querido comunicarse con las vacas, se habría convertido en vaca. Pero Dios quiso comunicarse con nosotros, entonces se hizo uno de nosotros. No envió a un ángel, ni a un profeta, ni a un político, ni a un embajador. Vino él mismo. Si realmente deseas que los demás sepan cuánto los quieres, no puedes enviarles un representante para que se los diga. Tienes que decírselos personalmente. Eso fue lo que Dios hizo en Navidad.

La Biblia dice que Dios *es* amor. No dice que Dios *tiene* amor, sino que Dios *es* amor. El amor es la esencia del carácter de Dios. Es su naturaleza misma. El universo existe porque Dios lo creó para amarlo. *«El Señor es bueno con todos; él se compadece de toda su creación»* [4].

Piensa en esto. Si Dios no hubiera querido amar

algo, no lo habría creado. Todo lo que ves, y los *tri-llones de cosas que no puedes ver,* Dios las hizo para su propio deleite. Él ama todas las cosas, aunque las ensuciemos con nuestro pecado, y tiene un propósito para ellas. Dios creó todo por compasión; todas las estrellas, todos los planetas, todos los animales, todas las células; y especialmente todos los seres humanos.

Fuiste creado como un objeto del amor de Dios. ¡Él te hizo para amarte! Esa es la razón por la que estás vivo, respirando y leyendo este libro. Cada vez que tu corazón late y cada vez que respiras, Dios dice: «Te amo». No existirías si Dios no lo hubiera querido. Aunque haya padres accidentales, no hay bebés accidentales. Quizás tus padres no hayan planeado tu nacimiento, pero Dios lo hizo.

¿Sabías que Dios pensó en ti aun *antes* de la creación del mundo? En realidad, ¡ésa es la razón por la cual lo creó! Concibió el ambiente de este planeta con todas las características adecuadas para que los seres humanos pudiéramos habitarlo. La Biblia dice: *«Por su propia voluntad nos hizo nacer mediante la palabra de verdad, para que fuéramos como los primeros y mejores frutos de su creación»*[5]. Somos más importantes para Dios que cualquier otra cosa que él haya creado.

Como el amor de Dios por ti es incondicional, te ama tanto en tus días malos como en tus días buenos. Te ama tanto cuando no percibes su amor como cuando lo sientes. Te ama más allá de tu conducta, de tu estado de ánimo, de tus acciones o de tus ideas. Su amor por ti es invariable. Todo lo demás cambiará a lo largo de tu vida, pero el amor de Dios por ti es constante, permanente y continuo. Es el cimiento de una confianza inconmovible.

No hay nada que puedas hacer que lleve a Dios a dejar de amarte. Podrías intentarlo, pero fracasarías, porque el amor de Dios por ti depende de su propio carácter, no de tu conducta. Se basa en lo que él es, no en lo que tú has hecho. La Biblia dice, *«Le pido a Dios que puedan conocer ese amor, que es más grande de lo que podemos entender»*[6].

Uno de los problemas frecuentes de nuestras celebraciones navideñas es que muchas personas piensan que Jesús sigue siendo sólo un niño. Tienen la idea de que no es más que un recién nacido indefenso, en brazos de su madre. Si Jesús nunca hubiera crecido ni hubiera llegado a hacer lo que hizo, nunca habría tenido poder para transformar nuestras vidas.

Pero aquel recién nacido en Belén no siguió siendo un bebé. Jesús llegó a convertirse en un hombre, y nos mostró el tipo de vida que le agrada a Dios. Nos enseñó la verdad, y al morir en la cruz, pagó el precio de todos los pecados que hemos cometido. Luego resucitó, demostrando que realmente es Dios y puede salvarnos. Ésta es la Buena Noticia. Cuando los romanos clavaron a Jesús en la cruz, extendieron sus brazos todo lo que pudieron. Con sus brazos completamente abiertos, Jesús estaba proclamando físicamente: «¡De esta manera te amo! ¡Te amo tanto como para sufrir este dolor! ¡Preferiría morir antes que vivir sin ti!». La próxima vez que veas un cuadro o una imagen de Jesús con los brazos extendidos, recuerda que está diciéndote: «¡Esto es lo mucho que te amo!».

¡LA NAVIDAD ES UN TIEMPO PARA CELEBRAR QUE DIOS ESTÁ *CONTIGO*!

Como he mencionado, en Navidad muchas personas se sienten solas. Incluso ahora mismo, puede que *sientas* que Dios no está contigo. Pero la presencia de Dios en tu vida no tiene nada que ver con tus sentimientos. Tus emociones son susceptibles a toda clase de influencias, de modo tal que, con frecuencia, no resultan confiables. A veces el peor consejo que alguien puede darte es «haz lo que sientas». A menudo lo que sentimos no es real ni correcto. Tu estado emocional puede ser el resultado de varios factores, tales como los recuerdos, tus hormonas, medicamentos que estás tomando, algún alimento, la falta de sueño, la tensión o tus temores. Siempre que empiezo a sentirme an-

sioso por alguna situación, me acuerdo que el temor se basa, con frecuencia, en una evidencia falsa que parece real.

Dios vino a la tierra en Navidad para recordarte que siempre está contigo, no importa donde estés. Esto es un hecho, ya sea que lo sientas así o no. La Biblia dice: «*¿Adónde me iré de tu Espíritu o adónde huiré de tu presencia?*»[7]. Sin embargo, tú debes conectarte o «sintonizarte» con su presencia en todo momento, y esa es una destreza que puede aprenderse. He abordado el tema en mi libro, *Una vida con propósito©*.

A veces, a los bebés les ponen dos o tres nombres en honor a algunos de sus parientes. Dios mandó que a Jesús le pusieran varios nombres para explicar el propósito que lo trajo a la tierra. Uno de los nombres de Jesús es Emanuel, que significa: *Dios está con nosotros*[8]. No sorprende, entonces, que el ángel le dijera a los pastores: «¡No tengan miedo!». Uno pierde el miedo cuando Dios está cerca. La presencia de Dios vence nuestro pánico.

Quizás fuiste abandonado por tu cónyuge, tus padres, tus hijos, o por personas que creías que eran tus amigos. Todos hemos enfrentado alguna vez el dolor y la aflicción producidos por el rechazo en cualquiera de sus formas. Puedes haber experimentado el aguijón del prejuicio racial o étnico, el machismo o la intolerancia religiosa. Si ha sido así, lo lamento. Sin embargo, ¡Dios no te ha abandonado! Nunca lo hará. La Biblia dice: «*Dios ha dicho: "Nunca te dejaré ni te abandonaré"*»[9].

Una de las grandes promesas de Dios en la Biblia es ésta: «*Cuando pases por aguas profundas y gran tribulación yo estaré contigo. Cuando pases por ríos de dificultades, no te ahogarás. Cuando pases por fuego de opresión, no te quemarás; las llamas no te consumirán*»[10]. No sé qué dificultad te está ahogando ahora mismo, ni qué situación te está oprimiendo; pero sí sé que cualquiera sea la circunstancia, Dios la conoce, le importa, la entiende y camina contigo por esa prueba. No estás sólo. Eso nos lleva al tercer aspecto de las Buenas Noticias de Dios.

¡LA NAVIDAD ES UN TIEMPO PARA CELEBRAR QUE DIOS ESTÁ DE TU PARTE!

Las expresiones «por ti» y «por ustedes» se usan con frecuencia en la Biblia. Por ejemplo, cuando Jesús se encontraba con las personas, lo primero que hacía era preguntarles: «*¿Qué quieren que haga por ustedes?*»[11]. Cuando Jesús instituyó la Cena del Señor, dijo: «. . . *éste es mi cuerpo, que por ustedes entrego*»[12]. San Pablo dijo: «*Si Dios está por nosotros,* ¿quién estará contra nosotros?»[13]. Es estupendo que Dios esté *contigo* cuando enfrentas un ataque personal; ¡pero es aun mucho mejor saber que él pelea *por ti*!

Muchas personas piensan que Dios está mirando a hurtadillas, esperando el momento de sorprenderlos en falta. Piensan que está constantemente jugando al escondite, agazapado, esperando que fallen o que cometan un error; para entonces decirles: «¡Te lo dije!». Se imaginan a Dios como una especie de «cascarrabias cósmico», un sádico que se divierte frustrando nuestros planes y que siempre está buscando la manera de criticar, juzgar o incluso desquitarse con nosotros. Pero Dios mismo dice todo lo contrario: *«Pues conozco los planes que para ustedes tengo, dice el Señor. Son planes de bien y no de mal, para darles un futuro y una esperanza»*[14].

Nadie tiene mejores intenciones para ti que Dios. No hay otra persona que conozca mejor lo que te hará verdaderamente feliz. Dios no quiere que le tengas miedo. Quiere que corras *hacia* él, no que *huyas de* él. En efecto, Dios dice 365 veces en la Biblia: «¡No temas!». Eso equivale a un «No temas» para cada día del año. Por lo tanto, ¿a qué le temes? Ninguno de nosotros sabe lo que enfrentaremos el año que viene, pero podemos estar seguros de que Dios nos ama, de que Dios está con nosotros y de que Dios lucha por noso-

tros. Uno más Dios siempre será mayoría en cualquier situación.

Por tanto, ¿de dónde proviene nuestro temor a Dios? Fundamentalmente de dos fuentes: de una conciencia culpable y de la ignorancia de cómo Dios es realmente. La Biblia dice: «*En el amor no hay temor, sino que el amor perfecto echa fuera el temor. El que teme espera el castigo, así que no ha sido perfeccionado en el amor*»[15]. La culpa nos hace sentir inseguros.

¿Alguna vez te has fijado que algunas personas se ponen extremadamente nerviosas si se menciona a Dios o a Jesús en una conversación? He visto a personas a quienes la sola mención del nombre de Jesús les provoca automáticamente un rechazo visceral. La respuesta instintiva de ellos consiste en que se les contrae el estómago, la cara y todos los músculos; como si sus únicas opciones fueran luchar o huir. Tal vez tú mismo has reaccionado de esa manera y te preguntas por qué la adrenalina empieza a circularte por las venas. Una razón común es que todos guardamos un secreto, una culpa escondida por las cosas que hemos hecho mal, y nos avergonzamos por la manera en que hemos actuado o cómo hemos tratado a los otros. Como suponemos que Dios está furioso con nosotros y que va a reprendernos por todo lo que no hemos hecho bien, tratamos de evitar hasta la sola mención de su nombre.

Pero Dios no está furioso contigo. Al contrario . . . ¡Dios está loco de amor por ti! Jesús dijo: *«Dios no envió a su Hijo para que condene al mundo, sino para que lo salve»*[16]. Si estudias la vida de Jesús, entenderás rápidamente que cada vez que cometes un error, Jesús no te lo reprocha. Lo *borra*. Vino a borrar todos tus pecados, errores, fallos y remordimientos. Es por eso que lo primero que el ángel le dijo a los pastores fue: *«¡No tengan miedo!»*. ¡Jesús vino a salvarnos, no vino a asustarnos! Ése es un motivo para celebrar.

¡CELEBRA LA NAVIDAD CON UNA FIESTA DE CUMPLEAÑOS PARA JESÚS!

Mi hermana encontró hace poco una foto donde estaba yo a los tres años, de pie junto a un pastel de cumpleaños para Jesús, con velas y todo. La idea del pastel fue mía. Siendo un niñito, le pregunté a mi madre: «¿Por qué tenemos Navidad?». Mamá me explicó pacientemente que la Navidad es la celebración del cumpleaños de Jesús. En un arranque de inspiración preescolar, llegué a una lógica conclusión infantil: «¡Entonces debemos hacer una fiesta de cumpleaños! ¡Podemos traer un pastel y refrescos, y cantarle "Feliz cumpleaños" a Jesús!». Mi madre me contestó: «Muy bien, la haremos».

Así comenzó una tradición de la familia Warren que ya tiene cinco décadas: nuestra «fiesta de cumpleaños

*Yo tenía casi tres años cuando sugerí que tuviéramos
nuestra primera fiesta de cumpleaños para Jesús.*

para Jesús», con un pastel esponjoso y velas que sopla el hijo más pequeño (y ahora el nieto), y que celebramos todos los años en la Nochebuena. Ya son cuatro las generaciones que participan de esta celebración.

Además de cantar villancicos y leer el relato bíblico

de la Navidad, todos los miembros de la familia tienen la oportunidad de responder por turno, frente a todos los demás, dos preguntas personales: «¿Qué motivo de agradecimiento a Dios tienes en este año que pasó?» y «Puesto que es el cumpleaños de Jesús, ¿qué regalo le darás este próximo año?». Estas dos preguntas sencillas han suscitado algunos de los momentos más profundos y conmovedores en la historia de nuestra familia.

Debido al ritmo de la vida actual, tendemos a olvidarnos rápidamente de todas las cosas buenas que Dios hace por nosotros, y seguimos adelante hacia el próximo desafío sin detenernos a reflexionar. Por este motivo te recomiendo que establezcas una celebración anual, una fiesta de cumpleaños para Jesús en tu hogar con familiares y amigos íntimos. La Navidad adquiere un significado fenomenal cuando aprovechas ese tiempo especial del año para hacer una pausa y repasar la gracia de Dios en tu vida, y te comprometes a conocerle y amarle más.

A medida que nuestra familia va cambiando, también nuestra fiesta cambia. Cuando mi hermano, mi hermana y yo éramos jóvenes, la atmósfera era ligera, divertida y agitada. Al ir madurando, nuestra participación se hizo cada vez más intensa, e incluso profunda. El mismo ciclo se repitió con nuestros hijos, y ahora se está repitiendo con nuestros nietos. El sincerarnos y comprometernos con Cristo nos fortalece y nos acerca más a Dios y a los demás.

Las generaciones vienen y se van. Mis padres están ahora en el cielo. Pero en un mundo donde todo cambia constantemente, la fe inconmovible que nuestra familia tiene en Cristo, nos ha capacitado para enfrentar los problemas inevitables de la vida: el cáncer, la muerte de los seres queridos, el desempleo, los problemas conyugales, los conflictos de familia, las dificultades económicas, y toda clase de tensiones y presiones. Más allá de la situación que estés atravesando en esta Navidad, trata de celebrar la esencia de la Navidad. Eso marcará una gran diferencia.

UN TIEMPO DE

salvación

Pero cuando se cumplió el tiempo,

Dios envió a su Hijo,

que nació de una mujer,

sometido a la ley de Moisés.

GÁLATAS 4:4 DHH

Hace varios años, un caluroso día de verano, estaba sentado en mi auto estacionado, esperando que mi esposa Kay saliera de una tienda. Amy, nuestra hija de tres años en ese entonces, estaba sujeta en su sillita infantil en el asiento trasero. Frustrada de tener que esperar en el calor y limitada a su silla, sacó la cabeza por la ventanilla y gritó: «¡Por favor, Dios mío. Sácame de aquí!». Estaba llamando a gritos a su *Salvador*.

Ya que no podía liberarse por sí misma, mi hija necesitaba que alguien más grande y más poderoso la sacara de su aprieto. ¿Alguna vez te has sentido así? Todos hemos pasado por eso. Tal vez te estás sintiendo así en esta Navidad. Te sientes como si quisieras gritar: «¡Por favor, Dios mío, sácame de esto!».

¡El segundo propósito de la Navidad es la *salvación*! La salvación se define generalmente como la liberación del pecado, del yo y del infierno. Definitivamente, incluye todo eso, pero también abarca mucho más. No sólo somos salvados *de* algo malo, sino que somos salvados *para* algo bueno. La Biblia dice: «*Por nuestra unión con Jesucristo, [Dios] nos creó para que vivamos haciendo el bien, lo cual Dios ya había planeado desde antes*»[17].

Dios tiene un propósito extraordinario y un plan para bendecir tu vida. La salvación también significa que recibes la libertad y el poder para cumplir el propósito de tu vida.

El anuncio de la salvación para todo aquel que quiera aceptarlo, es la segunda declaración en el mensaje de Buenas Noticias que el ángel les da a los pastores de Belén en la primera Navidad:

«Hoy les ha nacido . . . un Salvador,

que es Cristo el Señor».

LUCAS 2:11 NVI

Observa que este Salvador es *«¡para ti!»*. Él vino por tu bien. Jesús es un Salvador *personal*. ¿Qué significa eso? Cuando alguien dice: «Jesucristo es mi Salvador personal», o cuando alguien te pregunta: «¿Eres salvo?». ¿A qué se refieren?

Es probable que no hayas pensado mucho en tu necesidad de un Salvador o de qué necesitas ser salvado. En mi encuesta entre los compradores de Navidad, pregunté: «¿De qué necesitas salvarte?», y las respuestas que oí fueron muy diversas:

❖ «De la preocupación»

❖ «Del costo de la gasolina y de mis deudas»

❖ «De las personas que me lastiman»

45

❖ «De mi ira»

❖ «De mi pasado, que aún me tiene atado»

❖ «De mis malos hábitos»

❖ «De mí mismo»

Cuando la gente piensa en la salvación espiritual, con frecuencia tiene un concepto muy estrecho: piensan que la salvación sólo consiste en salvarse del infierno. Sin embargo, cuando Dios envió a Jesús para que fuera nuestro Salvador, tenía en mente mucho más que un seguro contra el fuego. El regalo de la verdadera salvación de Dios es la libertad, el propósito y la vida en tres dimensiones. Incluye tu pasado, tu presente y tu futuro.

Jesús te salva de algo.

Jesús te salva para algo.

Jesús te salva por algo.

JESÚS VINO A SALVARTE DEL
PECADO Y DE TI MISMO

Permíteme ser franco: *tú* eres la causa de la mayoría de tus problemas. Incluso cuando otras personas te causan problemas, tu respuesta natural con frecuencia los empeora. Te pones zancadillas a ti mismo mucho más a menudo de lo que te das cuenta o de lo que quisieras admitir. Si fueras sincero contigo mismo, reconocerías que tienes hábitos que no puedes romper, pensamientos que no deseas tener, emociones que no te gustan, e inseguridades y temores que no puedes ocultar; sin mencionar los remordimientos y los resentimientos que te tienen atrapado, además de todas aquellas cosas que desearías no haber dicho jamás. Francamente, *tú* eres el problema. Para que se produzca un cambio, éste debe comenzar en tu corazón.

Todos nacemos con el problema del «yo». Todos somos, por naturaleza, egocéntricos. Basta preguntarle a cualquier padre o madre que haya criado a un niño. No tenemos que enseñarle a ser egoísta. Eso viene en su naturaleza. Si las personas fueran naturalmente altruistas, en la tierra no existirían los conflictos, los divorcios, los abusos, la avaricia, los chismes ni la guerra.

Nuestra inclinación natural es seguir nuestro propio camino, en lugar del camino de Dios. Esta tendencia a elegir de forma equivocada, en lugar de tomar las decisiones correctas, se llama *pecado*. Siempre que me coloco a mí mismo en el centro de mi vida, peco. Pecado es cualquier pensamiento o acción que le niega a Dios el primer lugar en mi vida; un lugar que Dios tiene todo el derecho de ocupar.

El pecado es nuestro mayor problema y es un problema universal. Tú y yo pecamos todos los días con nuestras palabras, pensamientos y acciones. La Biblia dice: «*Ciertamente no hay hombre justo en la tierra que haga el bien y nunca peque*»[18]. Ninguna persona es perfecta. Ninguna hace todo ciento por ciento correcto. No hay quien tenga una conducta siempre impecable. Dios dice: «Sí, todos hemos pecado; ninguno de nosotros alcanza el glorioso ideal divino»[19]. ¡Ni siquiera puedo cumplir mis propias normas imperfectas, mucho menos las normas perfectas de Dios! Este no es un concepto popular, ¡pero tampoco es una novedad! A menos que tengamos una actitud total de negación, debemos reconocer que constantemente tomamos decisiones erradas. La Biblia dice: «*Si decimos que no tenemos pecado, nos engañamos a nosotros mismos y la verdad no está en nosotros . . . Si decimos que no hemos pecado, le hacemos a Él mentiroso*»[20]. En mis viajes por el mundo he conocido a miles de personas, y nunca me he encon-

trado con nadie que presuma de ser perfecto. *Nunca*. Ninguno de nosotros está exento del pecado, y lo sabemos.

Lo peor es que el pecado crea un hábito. Cuanto más lo hacemos, tanto más fácil nos resulta. Si alguna vez trataste de abandonar una adicción, mantenerte a dieta, cumplir una resolución de Año Nuevo o cambiar tu vida, apoyándote tan sólo en tu fuerza de voluntad, sabes lo frustrante que es eso. Puedes identificarte con la frustración del apóstol Pablo cuando escribió: «*No entiendo lo que me pasa, pues no hago lo que quiero, sino lo que aborrezco. Ahora bien, si hago lo que no quiero, estoy de acuerdo en que la ley es buena; pero, en ese caso, ya no soy yo quien lo lleva a cabo, sino el pecado que habita en mí*»[21].

Consciente e inconscientemente, nuestras acciones proclaman: «¡No necesito a Dios! Quiero regir mi propia vida y ser mi propio Dios. Sé más que Dios en cuanto a lo que me conviene, así que voy a hacer lo que me venga en gana». Siempre que uno hace lo que quiere, en lugar de hacer lo que Dios le dice que haga, actúa como si fuera Dios. Esa lucha con Dios crea enormes conflictos y estrés en la mente, en el cuerpo y en las relaciones.

Esta actitud de obstinación orgullosa genera que te desconectes de Dios y te sientas lejos de él. Al ensimismarte sientes que Dios está a un millón de kilómetros de distancia y que tus oraciones rebotan en el techo. Si te sientes lejos de Dios, ¿adivina quién se ha distanciado? De seguro que no ha sido Dios. La Biblia dice: *«El problema está en que sus pecados los han separado de Dios»*[22].

Nuestra desconexión de Dios, que nace de nuestra inclinación contumaz a pecar, es la fuente de todos los problemas humanos en la tierra. En un nivel personal, esa desconexión causa preocupación, temor, ansiedad, confusión, depresión, conflicto, desaliento y vacío interior. Nos lleva a actuar de manera que engendra culpa, vergüenza, resentimiento y pesar. Dios no te creó para que vivieras desconectado de él, por eso, cuando esto ocurre, sufres tensión y te sientes espiritualmente vacío.

En un nivel global, vemos el efecto del pecado en todo nuestro entorno: guerra, injusticia, corrupción, pobreza, tráfico sexual y todos nuestros otros problemas sociales. Incluso muchas enfermedades son causadas por nuestra rebeldía contra las normas divinas para una vida sana. ¿Quién puede salvarnos? El gobierno no puede; tampoco las empresas privadas ni los centros académicos pueden salvarnos. Estas entidades sólo pueden ocuparse de los síntomas y resultados visibles del pecado. Pero cualquier solución duradera debe empezar en el corazón, y sólo Dios puede transformar los corazones.

LA SALVACIÓN ES LIBERTAD

Un sinónimo de salvación es «libertad». La Biblia dice: «*Perdida ya toda esperanza, llamé a mi Dios, y él me respondió; ¡me liberó de la angustia!*»[23]. ¿Qué libertad nos ofrece Jesús?

Libertad de *la culpa del pasado.* La culpa es el reproche que se genera en nuestro corazón cada vez que hacemos algo en contra de la conciencia que Dios nos ha dado. Sabemos que si quebrantamos una ley, tenemos que recibir un castigo. Del mismo modo, cuando quebrantamos las leyes morales de Dios, que tienen carácter universal, alguien tiene que sufrir las consecuencias. Pero Dios, movido por su profundo amor por nosotros, envió a Jesús para resolver ese problema. *«Porque la paga del pecado es muerte, mientras que la* *dádiva de Dios es vida eterna en Cristo Jesús, nuestro Señor»*[24].

Cuando Jesús murió en la cruz, pagó por todo lo malo que hiciste *y por todo lo malo que puedas llegar a hacer en el futuro.* ¡Qué extraordinario es eso! Se lo ha llamado la Gran Sustitución, y a ti y a mí nos toca la mejor parte de la transacción. *«Porque Dios tomó a Cristo, que de sí mismo no conocía el pecado, y le hizo cargar con el nuestro como si fuera suyo; de esta forma, a nosotros, libres ya de toda culpa, Dios nos declara justos»*[25].

El perdón de Dios es mucho más poderoso que todos tus errores y pecados juntos, de modo que Dios hace borrón y cuenta nueva. Ésa es la libertad. Aun si no hubiera cielo ni infierno (¡que los hay!), el regalo de no tener que cargar todos los días con el peso de una conciencia culpable es maravilloso.

Libertad de *la amargura y el resentimiento*. No puedes negar las heridas producidas por las cosas malas que te han dicho o hecho en el pasado. No podemos controlar lo que otros nos hacen, pero podemos elegir cómo responder. El resentimiento es el cáncer de tus emociones. A menos que dejes que Jesús te libere de él, el resentimiento terminará por destruir tu felicidad.

Libertad de *las expectativas de los demás.* ¿Cuán a menudo has dicho o has hecho cosas que no querías hacer, simplemente porque deseabas evitar la desaprobación de otros? La Biblia dice: «*Temer a los hombres resulta una trampa*»[26]. El preocuparse constantemente de lo que otras personas piensan de ti es una trampa peligrosa. Te robará tu confianza, limitará tus posibilidades, drenará tu energía e impedirá que llegues a ser lo que Dios tiene planeado para ti.

El antídoto contra el temor a la desaprobación es edificar tu vida sobre el cimiento del amor incondicional de Dios por ti. El amor libera y edifica la confianza. La Biblia dice: «*En el amor no hay temor, sino que el amor perfecto echa fuera el temor. El que teme espera el castigo, así que no ha sido perfeccionado en el amor*»[27].

Hagas lo que hagas en la vida, a algunas personas no les va a gustar. Recuerda: cuanto más brillante es la luz, tantos más insectos atrae. Cuando mi libro *Una vida con propósito©* se hizo muy popular, me convertí en el blanco de críticos mezquinos que parecían complacerse en atacarme y tergiversar mis conceptos. Intenté concentrarme en apoyar a Kay, mi esposa, que en ese momento estaba luchando contra el cáncer, pero los ataques eran desalentadores. Durante esa experiencia, me traían aliento las pequeñas, pero frecuentes, pruebas que Dios me daba de su amor por mí. Un fin de semana el gran pastor y autor londinense John Stott y yo estábamos predicando a dúo un sermón en la iglesia de Saddleback. John es un gigante espiritual que ha sido mi mentor y mi amigo. Después de predicar juntos, tuvimos una conversación privada. Mientras conversábamos, John me pidió que escribiera el prólogo de su *bestseller, Cristianismo Básico*. Me sentí honrado de que quisiera asociarse públicamente conmigo. Durante semanas, cada vez que me acordaba de eso, pensaba: *¡De todas las personas del mundo que John Stott conoce y respeta, me eligió a mí!* El afecto que recibí, tanto de John como de otras personas notables que yo respetaba, me dio la confianza para no hacer caso de la opinión negativa de aquellos que no me conocían.

Sentirse respaldado por otros es alentador, pero es mucho más importante experimentar el amor profundo de Dios que nos eligió. La Biblia dice: *«Desde antes de crear el mundo, Dios nos eligió por medio de Cristo para que fuéramos sólo de él y viviéramos sin pecado. Dios nos amó . . .»*[28]. ¿Sabías eso? Dios te amaba antes de la creación del mundo. La Biblia con frecuencia se refiere a la decisión de Dios de amarte incondicionalmente cuando dice que Dios te *escoge*, te *llama* o te *elige*.

Todos nosotros hemos experimentado el rechazo y llevamos las cicatrices en nuestros corazones. Sin duda, recuerdas los momentos dolorosos de tu vida. Puedes recordar cuando otros niños se burlaban de ti en la escuela; cuando eras el último que elegían para formar el equipo deportivo; las palabras hirientes que uno de tus padres te pudo haber dicho; o el dolor producido por la partida de tu cónyuge o amigo. Puede que hayas pasado años intentando alcanzar la aprobación de alguien que parece imposible de contentar. Debes entender esto: si aún no has conseguido la aprobación de esa persona, es improbable que alguna vez la consigas. ¡Pero la buena noticia es que para ser feliz no necesitas la aprobación de ningún ser humano!

Si quieres dejar de vivir para obtener la aprobación de otros, debes volver a tomar conciencia de cuánto le importas a Dios y de su amor incondicional por ti. He aquí algunos enunciados de la Biblia para que medites en ellos: «*Entonces, ¿qué diremos a esto? Si Dios está por nosotros, ¿quién estará contra nosotros?*»[29]. «*¿Quién acusará a los que Dios ha escogido? Dios es el que justifica*»[30]. «*Porque aunque mi padre y mi madre me hayan abandonado, el Señor me recogerá*»[31].

Muchísimas personas basan su identidad en los juicios y opiniones de quienes los rodean. Pero eso sólo conduce a una mayor inseguridad. Encuentra tu verdadera identidad en Dios, no en lo que otros dicen acerca de ti. En su brillante libro *Jesús de Nazaret,* Su Santidad, el papa Benedicto XVI escribe: «el hombre se conoce a sí mismo sólo cuando aprende a entenderse a la luz de Dios, y conoce a otros sólo cuando percibe el misterio de Dios en ellos» [32].

Libertad de *los hábitos adictivos.* Probablemente ya te has dado cuenta de que las buenas intenciones y las resoluciones de Año Nuevo no alcanzan para librarse de los patrones de conducta y de las rutinas autodestructivos. Has intentado cambiar, pero inevitablemente retornas a lo de antes. Con cada ciclo de mejores intenciones, fracaso y remordimiento, te sientes más atrapado y desesperanzado. Necesitas un poder mayor que el tuyo. ¡Necesitas un Salvador! Jesús dijo: «*Así que, si el Hijo los hace libres, ¡ustedes serán verdaderamente libres!*» [33].

Dios no espera que pases por la vida confiando en tu propio poder. Él *quiere* que confíes en él y dependas de él. Por esa razón permite que haya problemas en tu vida, problemas imposibles de resolver por ti solo. En realidad, él ya había preparado la solución a tus problemas mucho antes de que te dieras cuenta de que existían esos problemas. Sólo ha estado esperando que dejes de esforzarte y que comiences a confiar en él.

Libertad del *temor y la muerte.* La prueba decisiva de tu fe no consiste en la manera en que te comportas en las bodas, los nacimientos y las graduaciones. Puedes creer en lo que quieras cuando las cosas salen bien. Pero cuando las tormentas emocionales de la vida derrumban tus sueños, cuando los terremotos afectivos destrozan tus relaciones, cuando los incendios económicos convierten tus bienes en cenizas, cuando el dolor físico te golpea el cuerpo y cuando la muerte inevitable de los seres queridos te deja solo y perdido; entonces,

¿qué te sostendrá y te fortalecerá? Es tonto vivir de espaldas a la realidad, sin prepararte para lo que todos saben que es inevitable.

Como pastor, he asistido a incontables funerales, de manera que conozco bien la diferencia que marca tener una relación personal con Jesús cuando uno se enfrenta a la muerte. He mirado a los ojos de las personas que no tienen esperanza ni seguridad de ir al cielo, y he percibido el terror y la desesperación de sus corazones al acercarse a la tumba. Conocer a Jesús es lo que distingue tu actitud al enfrentar la muerte.

Si aceptas lo que Jesús hizo por ti en la cruz, tu destino eterno estará asegurado, y dejarás de temerle a la muerte. La Biblia dice: «*Así que, por cuanto los hijos participan de carne y sangre, Él igualmente participó también de lo mismo, para anular mediante la muerte el poder de aquel que tenía el poder de la muerte, es decir, el diablo, y librar a los que por el temor a la muerte estaban sujetos a esclavitud durante toda la vida*»[34].

JESÚS VINO A SALVARTE *CON UN PROPÓSITO*

E n algún momento de la vida, cada uno de nosotros se enfrenta con tres preguntas fundamentales. La primera es la pregunta de la existencia: «¿Por qué estoy vivo?». La segunda es la pregunta de la importancia: «¿Importa mi vida?». Y la tercera es la pregunta de la intención: «¿Cuál es el propósito de mi vida?».

Dios nunca ha creado algo sin un propósito. Puesto que estás vivo, puedes estar seguro de que Dios tiene un propósito para tu vida. La Biblia dice: *«Mucho antes de la fundación del mundo, él estaba pensando en nosotros, y se había predispuesto para que fuésemos el enfoque de su amor»*[35]. Pero existe un problema: cada uno de nosotros se ha apartado del propósito de Dios para su vida. Al igual que un tren que se sale de sus rieles, nos hemos descarriado, por culpa de nuestra propia obstinación y nuestras elecciones pecaminosas. La Biblia dice: *«¡Nosotros fuimos quienes nos descarriamos como ovejas! ¡Nosotros, que abandonamos las sendas de Dios por seguir las nuestras! ¡Pero Dios echó sobre Él [Jesús] la culpa y los pecados [todo lo malo que hicimos] de cada uno de nosotros!»*[36].

Aunque Dios nos creó a todos y cada uno de nosotros con un propósito, todos hemos tomado muchos desvíos en la vida, creyendo que sabíamos más que Él. De manera que Dios tuvo que enviar a Jesús como nuestro Salvador, para redimirnos del pecado, para reenfocar el curso de nuestras vidas y restaurarlas a su propósito original. No sólo somos salvados *del* mal; somos salvados *para* el bien: *«Y él [Jesús] murió por todos, para que los que viven ya no vivan para sí, sino para el que murió por ellos y fue resucitado»*[37].

Durante más de treinta años, el versículo bíblico

de mi vida ha sido Hechos 13:36 (NVI): *«Ciertamente David, después de servir a su propia generación conforme al propósito de Dios, murió»*. Esta frase: *«después de servir a su propia generación conforme al propósito de Dios»*, es la definición suprema de una existencia vivida en plenitud. Usas tu vida para hacer lo que es atemporal y eterno (el propósito de Dios) de manera oportuna y contemporánea (en tu generación). Sirves a lo que nunca cambia (la Palabra de Dios) en un escenario que está cambiando constantemente (el mundo). Esto es lo que significa vivir *una vida con propósito,* y no hay mayor aventura, ni realización mayor, ni mejor modo de que tu vida deje un legado permanente.

Imagínate esa frase escrita en *tu* epitafio. Mi oración es que otros puedan decir eso de ti cuando mueras: que serviste al propósito de Dios en tu generación. No hay mejor descripción del éxito.

Dios te crea, te forma, te da dones, te llama y te salva para un propósito. Es por eso que la Biblia dice:

«*Entréguense por completo a Dios, enteramente, porque ustedes han escapado de la muerte y desean ser instrumentos en las manos de Dios que Él use para sus buenos propósitos*»[38]. Nada se compara a la emoción de ser usado por Dios para un gran propósito. Es lo que tu corazón anhela más profundamente, y no existe otra cosa que pueda ocupar su lugar. Es la razón por la cual fuiste creado.

En mi libro *Una vida con propósito©*, explico que todo el mundo vive en uno de estos tres niveles: supervivencia, éxito o sentido. La mayor parte del mundo vive en el nivel de la supervivencia. La mitad de los seis mil millones de personas del mundo vive con menos de dos dólares diarios. Más de mil millones de personas viven con menos de un dólar al día. Ése es el nivel de la supervivencia.

Si resides en Estados Unidos, vives en el nivel del éxito, aun cuando te sientas pobre. A la mayoría de los habitantes del mundo le encantaría tener tus «problemas». Pero el éxito no satisface. Puedes tener mucho para vivir y, sin embargo, no tener nada por lo cual vivir. Puedes estar tan ocupado ganándote la vida, que no logras tener una vida.

Fuiste creado para mucho más que el éxito. Fuiste creado para que tu vida tuviera un sentido. Pero nunca encontrarás el sentido en las posesiones, los placeres o los cargos. El sentido de la vida se encuentra en el servicio: esto sucede cuando entregas tu vida para un propósito más grande que tú mismo. Jesús dijo: *«Si insistes en salvar tu vida, la perderás. Sólo aquellos que dan sus vidas por mi causa y por la causa de las Buenas Nuevas siempre conocerán lo que esto significa en la vida realmente»* [39].

Cuando finalmente comienzas a cumplir el propósito para el que Dios te creó y para lo cual Jesús te salvó, tu corazón exclama: «¡Éste es mi lugar! ¡Esta es la razón por la cual estoy vivo! ¡Ésta es mi razón de ser! ¡Ahora sé por qué existo!». Todo el éxito del mundo

nunca te dará esa profunda satisfacción. Siempre quedará un vacío en tu corazón, porque fuiste hecho para conocer, amar y servir a Dios; así como para confiar en él.

Permíteme, pues, hacerte dos preguntas muy precisas: sabiendo que ninguna otra cosa que has emprendido ha satisfecho completamente el anhelo de tu alma, ¿qué esperas? ¿Por qué no aceptas a Jesús como tu Salvador? Tus pecados del pasado serán perdonados, tendrás un propósito para vivir aquí en la tierra y un hogar en el cielo. Nadie más puede hacerte esa clase de oferta. Sólo Dios puede hacerlo.

JESÚS VINO A SALVARTE *POR SU GRACIA*

Prácticamente en todas las esferas de la vida, escuela, deportes, trabajo, somos juzgados por nuestro desempeño. En nuestro país, la ética del trabajo se basa en el esfuerzo, el sudor, la habilidad y el trabajo arduo. A medida que vamos creciendo, aquí nos enseñan que nada se obtiene gratuitamente; que uno recibe aquello por lo que paga; que para lograr algo uno depende de su propio esfuerzo; que si uno quiere que algo salga bien, debe hacerlo por sí mismo; y que Dios ayuda a los que se ayudan.

Así, pues, cuando venimos al terreno de las cosas espirituales, podemos suponer que Dios se relaciona con nosotros bajo los mismos parámetros éticos basados en el desempeño. Uno puede sentir que tiene que ganarse la aprobación de Dios, que merecer el amor de Dios, y que debe abrirse paso hacia el cielo haciendo el bien o tratando de ser perfecto. Si hasta ahora has pensado de ese modo, tengo buenas noticias para ti: ¡no funciona de esa forma! Esto es lo que dice la Biblia acerca de lo que debes hacer para ser salvo: «*La gente le preguntó: "¿Qué es lo que Dios quiere que hagamos?". Jesús respondió: "Lo único que Dios quiere es que crean en mí, pues él me envió"*»[40]. La salvación no es cuestión de esforzarse, sino de confiar. No consiste en demostrar que la mereces, sino en aceptarla con fe, sabiendo que no la mereces.

La idea de la gracia es tan ajena y antitética a la interpretación popular, e incluso a la de muchas religiones; que cuando la Biblia habla de la salvación como un don gratuito de la gracia de Dios, mucha gente responde con una expresión de estupefacción. Se produce en ellos una desconexión mental y emocional.

Estamos tan acostumbrados a recibir amor condicional («te amaré *si . . .*» o «te quiero *porque . . .*») que la gracia incondicional nos resulta un concepto extraño e incluso incómodo.

La religión es el esfuerzo del hombre para complacer a Dios. La gracia es la mano de Dios extendida para rescatar al hombre. Todas las religiones se reducen a una palabra: «¡Haz!». «Cumple con nuestros requisitos y ganarás el amor de Dios». Cada religión tiene su propia lista de requisitos, y si comparas las listas, descubrirás que con frecuencia son contradictorias. Pero la gran idea detrás de todas las religiones es que debes trabajar, esforzarte y poner gran empeño para agradar a Dios.

Dios vino a la tierra y se hizo hombre en la persona de Jesús para decirnos: «¡Están completamente equivocados! Desde luego, hacer cosas buenas es importante, pero eso no me lleva a amarlos más ni menos.

Mi amor por ustedes es ilimitado, incondicional, invariable e inmerecido. Déjenme, pues, que les enseñe un nuevo concepto llamado gracia. Ustedes no pueden comprarla, ni esforzarse para obtenerla; tampoco pueden llegar a ser lo bastante buenos para merecerla. Todo lo que hago por ustedes, para ustedes, en ustedes y a través de ustedes, todas y cada una de las bendiciones que tienen en la vida, todo es un don de mi gracia. Todo lo he hecho por ustedes».

Mientras las religiones se basan en la palabra «haz», la salvación se basa en la frase «está hecho». Cuando Jesús murió por ti en la cruz, exclamó: *«¡Todo se ha cumplido!»*[41]. Es extremadamente importante advertir que Jesús no dijo: *«he terminado»*, ¡porque no era así! Todavía tenía más cosas por hacer. Tres días después, volvió a la vida, resucitó de la muerte y anduvo por los alrededores de Jerusalén durante cuarenta días. Se reunió con individuos y con grupos de hasta quinientas personas y ascendió al cielo.

Entonces, ¿qué fue lo que Jesús cumplió? ¡Él pagó por nuestra salvación! La frase: «todo se ha cumplido» es realmente una sola palabra en hebreo, la que Jesús exclamó; la misma que se estampaba en las facturas una vez que habían sido pagadas y en las sentencias de prisión cuando ya habían sido cumplidas. Significaba: «¡Completamente pagado!». La religión dice: «¡Haz!», Jesús dice: «¡Está hecho!». Ya él se ocupó del costo de tu salvación.

Hace unos años, un hombre me preguntó: «¿Qué debo hacer para ganar el cielo?». Mi respuesta lo sorprendió: «Llegas demasiado tarde». No esperaba esa respuesta y replicó con ansiedad: «¿Qué quiere decir con que "es demasiado tarde"? ¿No puedo hacer algo?». Y le dije: «Lo que había que hacer, ya Jesús lo hizo por ti hace dos mil años. ¡Lo único que debes hacer ahora es aceptar lo que él ya hizo por ti! No hay nada más que añadir. Es sólo por gracia».

La Biblia dice: «*Porque por gracia ustedes han sido salvados mediante la fe; esto no procede de ustedes, sino que es el regalo de Dios, no por obras, para que nadie se jacte*»[42]. Nota que el regalo de Navidad que Dios tiene para ti se recibe *por* gracia y *mediante* la fe.

POR GRACIA

Qué es la gracia? La gracia es el amor de Dios en acción. La gracia es cuando Dios te da gratuitamente lo que necesitas aunque no lo merezcas y nunca puedas pagárselo. La gracia es cuando Dios resuelve tus mayores problemas aun antes de que sepas que tienes un problema. La gracia es el rostro de Dios cuando contempla tus faltas, fracasos y temores. La gracia son las riquezas que Dios nos da a expensas del sacrificio de Cristo.

Dios dice: «Sé que no has cumplido con mis estándares de perfección: *"por cuanto todos pecaron y no alcanzan la gloria de Dios"*[43]. Y puesto que el cielo dejaría de ser un lugar perfecto si lo lleno de gente pecadora e imperfecta, no hay modo en que pueda dejarte entrar en el cielo, a menos que yo mismo resuelva tu mayor problema: el que no puedes resolver por ti mismo. Necesitas perdón y una transformación total. Este es mi plan: vendré a la tierra como un ser humano, y por amor me sacrificaré para pagar la deuda enorme de tu pecado y el daño que éste ha causado». La Biblia dice: «*Dios anuló el documento de deuda que había contra nosotros y que nos obligaba; lo eliminó clavándolo en la cruz*»[44].

La Navidad no tendría ningún significado si Jesús no hubiera muerto en la cruz por nosotros, demostrando luego que él es Dios, al resucitar tres días después, el Domingo de Pascua. «*Él [Jesús] es el sacrificio por el perdón de nuestros pecados, y no sólo por los nuestros sino por los de todo el mundo*»[45]. Al morir para salvarte, Jesús pagó tu deuda, compensó los daños hechos por tu pecado, te redimió de la esclavitud del mal y te susti-

«Hoy les ha nacido . . . un
Salvador, que es Cristo el Señor».

LUCAS 2:11 NVI

tuyó por sí mismo, para sufrir en su cuerpo el castigo que tú merecías. ¡Eso es, amigo mío, lo que queremos decir al cantar el himno: «Maravillosa Gracia»!

En esta Navidad, tal vez tengas el privilegio de sentir lo mucho que otros te aman; o tal vez sientas que nadie te ama. Sea cual sea tu caso, debes pensar en esto: ningún hombre o ninguna mujer te amará tan profunda y completamente como Jesús. La prueba es que murió por ti. *«En esto consiste el amor: no en que nosotros hayamos amado a Dios, sino en que él nos amó y envió a su Hijo para que fuera ofrecido como sacrificio por el perdón de nuestros pecados»*[46]. Cuanto mejor entiendas lo que Jesús hizo en la cruz, tanto mejor entenderás lo que es realmente la vida.

¿Sabes por qué comenzó la tradición de dar regalos en Navidad? Porque en la primera Navidad, Dios nos dio el regalo más valioso: su propio Hijo. *«¡Gracias a Dios por su don inefable!»*[47].

Nuestro mundo está lleno de personas frustradas que no saben lo que buscan, y aunque lo supieran, no sabrían dónde encontrarlo. Simplemente saben que algo les falta, que algo está incompleto en sus vidas. Es el sentimiento corrosivo de que tiene que existir algo más en la vida que recibir un cheque a fin de mes hasta que uno se jubile. Tal vez, hayas intentado en vano encontrar la realización en el estatus social, en el sexo, en tu salario, en la seguridad o en el éxito. Lo que te falta, lo que realmente necesitas, es la salvación. Fuiste hecho por Dios y para Dios, y hasta que entiendas eso, la vida nunca tendrá sentido.

Quizás estés buscando a un Salvador en los sitios equivocados: *Si pudiera encontrar al hombre o la mujer adecuados, todo sería tan maravilloso . . . Si consiguiera ese empleo, obtuviera ese ascenso, tuviera un bebé, o alcanzara un buen nivel de riqueza; entonces me sentiría realizado y en paz . . . Si tan sólo pudiera llegar a tener un cuerpo hermoso, si pudiera impresionar a determinada persona, tener determinadas cosas o si me fuera unos días a Tahití; entonces mi vacío espiritual se llenaría.*

La respuesta no se encuentra en un lugar, en un programa o en una píldora. La respuesta se encuentra en una persona: Jesús. Lo que te falta es una relación con Aquel que te creó para amarte. *«Todo lo que nos es necesario para vivir de una manera verdaderamente piadosa nos ha sido otorgado por Dios, por su poder soberano y merced al conocimiento de aquel que ha querido compartir con nosotros la gloria y la excelencia que le son propias»*[48].

POR MEDIO DE LA FE

L a Biblia nos dice también: «*Dios declara sin culpa a los pecadores que simplemente tengan fe en que Cristo es el que los puede librar . . .*»[49]. El término teológico para la frase «declarar sin culpa a los pecadores que tengan fe» es «justificado». Ser justificado por Dios significa ¡ser hecho justo como si nunca hubieras pecado! Se cancela tu orden de arresto. Se retiran los cargos. Se borran los antecedentes. Desaparece la culpa. Se ha cumplido el castigo. Como el disco duro de una computadora al que se le han borrado completamente todos los datos; la evidencia de todos tus errores y pecados desaparece. ¿Y cómo tiene lugar esta colosal justificación? Por medio de la fe.

Así como los padres desean profundamente y esperan con anhelo que sus hijos confíen en su amor, Dios quiere que aprendas a confiar en él. La Biblia dice: «*En realidad, sin fe es imposible agradar a Dios, ya que cualquiera que se acerca a Dios tiene que creer que él existe y que recompensa a quienes lo buscan*»[50]. La fe hace sonreír a Dios. Lo que te permite la entrada al cielo no es lo que haces, sino en quien confías.

De joven, trabajé como salvavidas durante tres veranos. La gente se aterra cuando siente que se está ahogando. Suele sacudir los brazos frenéticamente tratando de asirse de cualquier cosa. Todo salvavidas sabe que si pretende rescatar a una persona que lucha por salvarse, mientras la víctima se encuentra en medio de un ataque de pánico, ésta hará que ambos se hundan y se ahoguen. Un salvavidas experimentado sabe que tiene que quedarse a unos treinta centímetros de distancia; mantenerse a flote y esperar hasta que la persona que se está ahogando deje de luchar. Entonces, el rescate es mucho más fácil. Cuando la víctima finalmente se rinde, se relaja, y el salvavidas puede asirla; simplemente, abraza a la víctima y vuelve nadando a la costa. Lo único que debe hacer la persona que se está ahogando es confiar en el salvavidas. Pero una persona no puede ser salvada hasta que no renuncie a salvarse por sí misma.

¿Has renunciado a intentar salvarte a ti mismo? Piensa en esto: si pudieras salvarte tú solo y no necesitaras realmente un Salvador, Dios no habría desperdiciado la enorme cantidad de energía, esfuerzo y dolor que implicó enviar a Nuestro Salvador. Si hubiera existido algún otro camino, ¿no crees que Jesús lo habría transitado en lugar de sufrir en una cruz?

No tengo idea de las preocupaciones, ansiedades o temores que estás sufriendo en este momento, a medida que lees este libro. Pero Jesús los conoce, le importas y puede ayudarte si confías completamente en él. Y él te *ayudará*. Jesús dijo esto: «*No se angustien . . . Crean en Dios y crean también en mí*»[51].

Dios está esperando para salvarte. Quiere salvarte

del pecado y del ego, salvarte *para* su propósito, y salvarte *por* su gracia a través de la fe. Pero tú tienes que relajarte, dejar de intentar salvarte por ti mismo, rendirte y confiar en que tu Salvador lo hará por ti.

Hace años recibí en mi casa a mi querido amigo Peter Drucker (Peter fue un auténtico hombre renacentista, el padre de la administración moderna y uno de los pensadores más brillantes del siglo XX). Le pregunté: «¿Cómo llegaste a aceptar a Jesucristo como tu Salvador?». Él se quedó pensando por unos segundos y luego respondió: «¡El día en que finalmente entendí lo que era la gracia, me di cuenta de que nunca iba a lograr un trato mejor que ése!».

Cuando Jesús cargó con el castigo por tus pecados en la cruz, los escépticos que se encontraban de pie a su alrededor se mofaban y lo tentaban diciendo: «*¡Sálvate a ti mismo! ¡Si eres el Hijo de Dios, baja de la cruz!*» [52]. Por supuesto, Jesús los ignoró, porque ése no era su propósito al venir a la Tierra. Él no había venido a *salvarse a sí mismo*. Él vino a *salvarte a ti*.

¿Acaso tienes algo que perder si le dices que sí a Jesús? Sí, perderás la culpa, la inseguridad, la falta de propósito, el temor a la muerte, la desesperanza, la ansiedad, la vergüenza, la impotencia y un montón de otras cargas que llevas contigo cuando tratas de vivir sin la guía de Dios. ¿Quién podría rechazar una oferta como ésa? Sin embargo, Dios te da la opción. Puedes decidir llevar una vida egocéntrica, separada de Dios, o puedes dar un giro de 180 grados, cambiando tu forma de pensar y actuar. Esto equivale a dejar tus propios caminos y empezar a seguir a Jesús (eso se llama *arrepentimiento*). ¡Luego, pídele que te perdone todos tus pecados y pon tu confianza en el Hijo de Dios, Jesús, y lo que él ya hizo por ti!

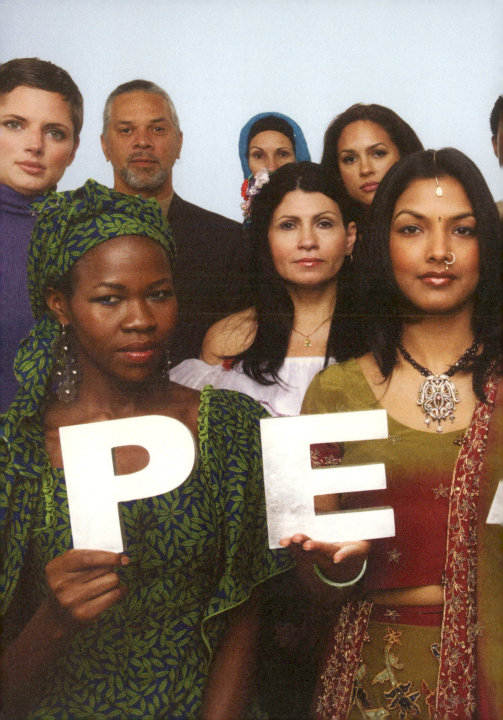

UN TIEMPO DE

reconciliación

Con esto tenemos además la
sublime alegría de contar con Dios
en nuestras vidas, gracias a la obra
de reconciliación y amistad con él,
realizada por nuestro Señor Jesucristo.

ROMANOS 5:11 CST

La mayor parte de la historia universal es un relato de conflictos. Durante los últimos 5.560 años ha habido cerca de quince mil guerras, y ésas son sólo las que se conocen hoy. Mientras escribo esto, en el mundo se están librando treinta y dos guerras, grandes y pequeñas. Pareciera que los seres humanos no tenemos mucho talento para vivir en paz con nuestros semejantes. Somos mucho mejores para los desacuerdos, las peleas y las contiendas. Hace cien años, existía la creencia popular de que si se pudiera educar al mundo, todas las guerras desaparecerían. Pero luego de dos guerras mundiales entre las naciones más cultas del planeta, ese ingenuo optimismo se desvaneció. Sin una transformación del corazón, la educación simplemente nos permite concebir modos más sofisticados de matarnos unos a otros. Hay muchas personas brillantes en prisión. Una mente culta no produce automáticamente un corazón pacífico. Lo que el mundo necesita desesperadamente es la *reconciliación*.

La reconciliación es la restauración de la paz; la paz con Dios, la paz con los demás y la paz dentro de tu propio corazón. Es la poderosa cura milagrosa para las vidas quebrantadas y las relaciones rotas. La reconciliación desactiva el conflicto y convierte el caos en tranquilidad; disipa las peleas, cambia tu estrés por la serenidad de Dios, transforma la tensión en tranquilidad y produce paz mental en lugar de presiones o pánico. Sin embargo, el espíritu de reconciliación escasea mucho en estos días.

Felizmente, ¡el tercer propósito de la Navidad es la *reconciliación*! El tercer anuncio del ángel a los pastores de Belén se refería a la llegada del «*Príncipe de Paz*»[53]. Jesús no sólo quiere enseñarnos el camino de la paz, sino que también quiere darnos el poder para vivir vidas pacíficas, si confiamos en él.

> *«Gloria a Dios en las alturas,*
> *y en la tierra paz,*
> *buena voluntad para con los hombres».*
>
> LUCAS 2:14 RVR

El año pasado, recorrí unos ciento veinte mil kilómetros haciendo viajes internacionales. En todos los países que visité fui testigo de grandes conflictos. Uno puede encontrarlos en zonas rurales atrasadas, tanto como en ciudades cosmopolitas donde abunda la alta tecnología. La riqueza económica no parece marcar una diferencia en lo absoluto. En alguna medida, la tecnología es culpable de la polarización de la vida civilizada.

La Internet ha permitido la formación de millones de micro subgrupos, donde las identidades específicas se hacen cada vez más pequeñas.

Con los medios de difusión encargándose de resaltar siempre nuestras diferencias para crear historias interesantes, la civilización está perdiendo rápidamente el atributo de la civilidad. La descortesía, no la gentileza, va en aumento. En mis viajes, he observado todos los conflictos que se puedan imaginar: entre razas, nacionalidades, idiomas y agrupaciones religiosas, partidos étnicos y políticos, ricos y pobres. Además, como pastor en mi comunidad, constantemente tengo que tratar con conflictos interpersonales en matrimonios, familias, oficinas, vecindarios, ligas menores y entre miembros de la iglesia. Luego voy a casa, y como sucede en cualquier otra familia, a veces tengo grandes desacuerdos allí.

El resultado doloroso de todo este conflicto es que el mundo se llena con los desechos provenientes de hogares divididos, niños perjudicados, amistades dañadas y sociedades destruidas. En mi encuesta de Navidad, le pregunté a las personas que iban de compras: «¿Dónde te gustaría que hubiera paz en esta Navidad?». Esto fue lo que respondieron:

❖ «Querría tener paz con mis padres, mi ex y mis hijos».

❖ «Me gustaría que se acabara la discusión política en televisión».

❖ «Necesito paz en mi mente y en mi corazón».

❖ «Un barrio pacífico. Que se acabe el prejuicio contra los musulmanes».

❖ «Si las personas fueran más calmadas, tal vez no serían tan descorteses».

❖ «Sinceramente, si no encuentro paz pronto, mi matrimonio se acabará».

❖ «Quiero que mamá y papá se reconcilien».

❖ «Me gustaría ver paz en todas partes».

Realmente, ¿será posible la paz en la tierra, o es una fantasía inalcanzable? ¿Es posible la cortesía, «la *buena voluntad para con los hombres*», cuando la cultura actual nos impulsa a ser cínicos y sarcásticos, a usar nombres despectivos y denigrantes para rebajar y humillar a los que tienen creencias diferentes?

El punto de partida para la paz en tu vida es entender las causas del conflicto. Existen muchas razones, pero he aquí dos de las más grandes. La primera es nuestro natural egocentrismo. Cuando yo quiero todo a mi manera, y tú lo quieres a tu manera, entonces se produce un conflicto de intereses. Si ninguno de los dos está dispuesto a hacer concesiones con amor, comienzan a saltar las chispas. Este escenario se presenta millones de veces al día en toda clase de relaciones. El hecho de que ames a alguien, no significa que van a estar de acuerdo en todo. ¡Kay y yo aprendimos eso en nuestra luna de miel! De manera que el primer versículo bíblico que memorizamos juntos como recién casados fue Proverbios 13:10: «*Por la soberbia solo viene contienda*»[54]. ¡Necesitábamos muchísimo ese versículo!

Una segunda causa común de conflicto, aunque se entiende menos, es esperar que otros respondan a las necesidades de nuestra vida de la manera en que sólo Dios puede hacerlo. Les hacemos exigencias a los demás en lugar de mirar a Dios. Tantas personas se casan con expectativas irreales y luego terminan divorciándose. Ningún ser humano puede satisfacer plenamente todas nuestras necesidades. Ésa es una tarea para Dios.

En lugar de quejarte y de culpar a otros por tus necesidades insatisfechas, la Biblia recomienda que le pidas a Dios. Dice: «*¿Saben por qué hay guerras y pleitos entre ustedes? ¡Pues porque no saben dominar su egoísmo y su maldad! Son tan envidiosos que quisieran tenerlo*

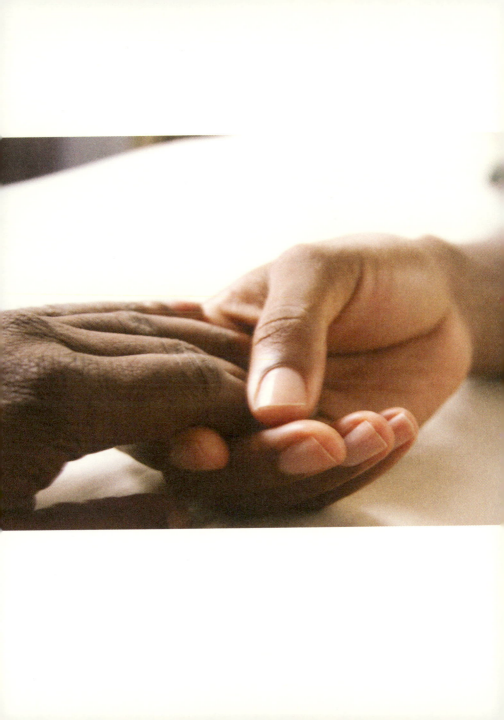

todo, y cuando no lo pueden conseguir, son capaces hasta de pelear, matar y promover la guerra. ¡Pero ni así pueden conseguir lo que quisieran! Ustedes no tienen, porque no se lo piden a Dios»[55]. Si oraras tanto como te quejas y peleas, tendrías muchas menos cosas de qué discutir y mucha más serenidad.

Hace años, un amigo me invitó a acompañarlo a un seminario para controlar el estrés. Una de las sugerencias que el instructor dio para aliviarse del estrés era «descargue su estrés contándoselo a un oyente incondicional». E inmediatamente añadió: «La mejor manera de hacer esto es hablar con su mascota». ¡Me quedé pasmado al ver que la gente estuviera pagando para oír a alguien sugerirle que debía tener una conversación de corazón a corazón con su hámster! Las mascotas son maravillosas, pero no pueden ayudarte a resolver los conflictos de tu vida que originan tu estrés.

El apóstol Pablo tenía una alternativa mucho mejor: *«No se preocupen por nada. Más bien, oren y pídanle a*

Dios todo lo que necesiten, y sean agradecidos. Así Dios les dará su paz, esa paz que la gente de este mundo no alcanza a comprender, pero que protege el corazón y el entendimiento de los que ya son de Cristo»[56].

La realidad es que nunca habrá paz en el mundo hasta que haya paz en las naciones. Y nunca habrá paz en nuestra nación hasta que haya paz en nuestras comunidades. No habrá paz en nuestras comunidades hasta que haya paz en nuestras familias. Y no habrá paz en las familias hasta que haya paz en la vida de cada uno de nosotros. Y eso no sucederá hasta que el Príncipe de Paz reine en nuestros corazones. Jesús vino en Navidad para traernos tres clases de paz:

La paz con Dios

La paz de Dios

La paz con los demás

JESÚS TE OFRECE LA *PAZ CON DIOS*

Puede que nunca te hayas dado cuenta de que si intentas vivir a tu manera en lugar de vivir a la manera de Dios, entras en conflicto con Dios. Él te creó a fin de que vivas para cumplir sus propósitos, pero has estado viviendo en rebeldía contra Dios. La Biblia dice que éste es un problema universal: «*Todos nosotros somos como ovejas que se han descarriado y se han perdido. Todos nos hemos dedicado a lo nuestro, tomando nuestro propio camino. Y Dios ha acumulado todos nuestros pecados, todo lo que hemos hecho mal, sobre Jesús*»[57]. Es esta guerra no declarada contra Dios (donde cada uno de nosotros decide desobedecer lo que Dios nos ha mandado a hacer), lo que te causa tensiones mentales y fatiga en tu cuerpo.

Los síntomas de estar en guerra con Dios son fáciles de detectar: irritabilidad, temperamento explosivo, inseguridad, impaciencia, manipulación, arrogancia y jactancia, rencor y muchas otras actitudes y hábitos que la Biblia llama las «*obras de la carne*». Una paráfrasis de la Biblia dice: «*Es obvio qué clase de vida resulta de tratar de salirte con la tuya todo el tiempo: sexo barato, repetitivo y carente de amor; acumulación pestilente de basura mental y emocional; apetencia frenética de felicidad sin auténtica alegría . . . competencia feroz; carencias constantes y nunca satisfechas; temperamento brutal; impotencia para amar y ser amado; hogares divididos y vidas separadas . . . el hábito maligno de despersonalizar a todo el mundo y convertirlo en un rival . . . adicciones incontrolables*»[58].

En contraste, los efectos de estar reconciliado con Dios (de estar en paz con él), son todas las cualidades que te gustaría poseer en ti mismo. La Biblia llama a estas cualidades el «*fruto del espíritu*»: «*En cambio*

*lo que el Espíritu produce es amor, alegría, paz, pacien-
cia, amabilidad, bondad, fidelidad, humildad y dominio
propio»* [59].

En el proceso de aconsejar a mucha gente, he no-
tado que existe un anhelo íntimo en cada uno de nosotros de estar en paz con nuestros padres físicos.
Tenemos el deseo profundo de mantener una buena relación con ellos. Incluso si tu padre ha sido apático
contigo, te ha abandonado, o aun ha abusado de ti;
sientes que algo te falta si esa relación está rota. Quisié-
ramos que fuera diferente y anhelamos reconciliarnos.
La gente comete toda clase de tonterías al tratar de alcanzar la aprobación de su madre o de su padre. Eso
responde a una profunda necesidad.

Pero una necesidad aun más profunda e incons-
ciente, es la de reconciliarte y volverte a conectar con
tu Creador, tu Padre Celestial. Las personas suelen
contarme que sienten una falta de plenitud en sus vidas,
pero que no saben lo que andan buscando. «Algo me

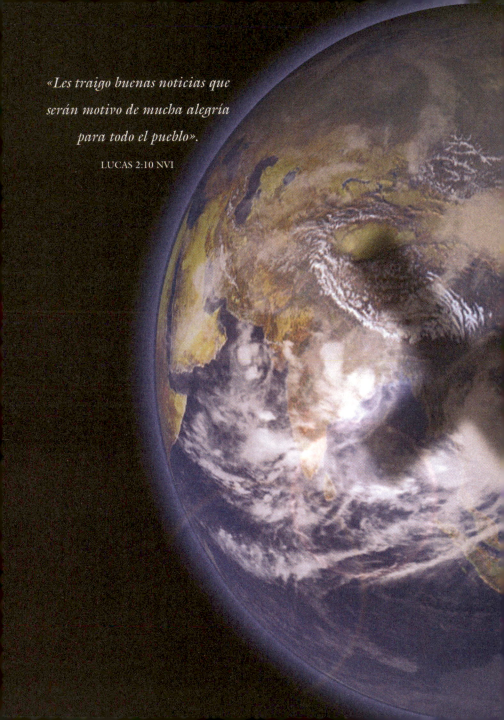

*«Les traigo buenas noticias que
serán motivo de mucha alegría
para todo el pueblo».*

LUCAS 2:10 NVI

falta», dicen, o «¡la vida tiene que ser algo más que esto!». En consecuencia, prueban toda clase de remedios, actividades, logros, drogas y aventuras, en un intento por llenar el vacío que hay en sus corazones cuando lo que necesitan es reconciliarse con Dios. Nada puede suplir la relación rota con Dios.

La buena noticia de la Navidad es que Jesús vino a ser el puente de reconciliación entre tú y Dios. La Biblia dice que: «*en Cristo, Dios estaba reconciliando consigo mismo al mundo, sin tomar en cuenta los pecados de los hombres*»[60]. Y dice también: «*Si cuando todavía éramos sus enemigos, Dios hizo las paces con nosotros por medio de la muerte de su Hijo, con mayor razón nos salvará ahora que su Hijo vive y nosotros estamos en paz con Dios*»[61].

¿Cómo puedes tú, una persona imperfecta, reconciliarte con un Dios perfecto? Bueno, no se trata de una componenda o de una negociación con Dios. La paz viene cuando nos sometemos a Dios total e incondicionalmente. ¡Admites que Dios es Dios y que tú no lo eres! Renuncias a la ridícula idea de que sabes más que tu Creador acerca de lo que es mejor para ti y de lo que te hará feliz. Abandonas la actitud rebelde de que puedes rebuscar y elegir cuáles reglas de Dios has de seguir y cuáles vas a ignorar.

¿Por qué debes someterte a Dios? Bien, un hecho es cierto: no hay manera de que puedas ganar una guerra contra Dios. Como bien señala el título de una obra de Broadway de los años ochenta: «¡Tienes los brazos demasiado cortos para boxear con Dios!». Como dijera el amigo de Job: «*Sométete a Dios; ponte en paz con él, y volverá a ti la prosperidad*»[62].

JESÚS TE OFRECE *LA PAZ DE DIOS*

U na vez que hagas las paces con Dios, comenzarás a experimentar la paz *de* Dios en tu corazón y en tu mente. Cuanto más ores, tanto menos pánico tendrás. Cuando más adores, tanto menos te preocuparás. Sentirás más paciencia y menos presión. La Biblia promete: *«Tú guardarás en completa paz a aquel cuyo pensamiento en ti persevera, porque en ti ha confiado»*[63].

¿Qué te roba la paz? La mayoría de los culpables caen en alguna de las tres categorías siguientes: las circunstancias incontrolables (como enfermedades, muerte y despidos), las personas incambiables (que rehúsan cooperar con tu plan para cambiarlas) y los problemas inexplicables (cuando la vida parece injusta). Las personas reaccionan a estos ladrones de la paz en alguna de estas tres maneras: se esfuerzan más por controlar todo (aunque ese empeño está condenado al fracaso); asumen simplemente una actitud fatalista, sintiéndose controlados por las circunstancias; o logran verdadera serenidad al reaccionar frente a las circunstancias de la manera en que Jesús lo hizo, dependiendo de Su Espíritu para que les dé el poder para vencer.

Probablemente has oído hablar de la Oración de la Serenidad, que Reinhold Niebuhr hizo famosa, pero puede que no la hayas leído en su totalidad. El primer tercio de la oración con frecuencia aparece citado y escrito en pósteres. Sin embargo, para llegar a experimentar la serenidad mencionada en el primer tercio de la oración, debes seguir los pasos que se señalan en el resto de la oración:

*Dios, concédeme la serenidad
para aceptar las cosas que no puedo cambiar;*

el valor para cambiar las cosas

que puedo cambiar;

y la sabiduría para entender la diferencia.

Viviendo un día a la vez;

disfrutando de un momento a la vez;

aceptando las adversidades como

el camino hacia la paz;

Aceptando como hizo Él,

a este mundo pecador

tal como es, y no como yo querría que fuera;

Confiando que Él hará que todas las

cosas ayuden para mi bien

si me rindo a Su voluntad;

de modo que pueda ser razonablemente

feliz en esta vida

e increíblemente feliz con Él en la venidera.

La senda hacia la paz de Dios se ha de vivir y disfrutar un día a la vez, aceptando lo que no puedes cambiar en lugar de preocuparte por ello, confiando en el cuidado amoroso y la sabiduría de Dios, y sometiéndote totalmente al propósito y al plan que él tiene para tu vida. Jesús hace esta promesa: *«Vengan a mí todos ustedes que están cansados y agobiados, y yo les daré descanso. Carguen con mi yugo y aprendan de mí, pues yo soy apacible y humilde de corazón, y encontrarán descanso para su alma»* [64].

JESÚS NOS MUESTRA CÓMO
HACER LAS PACES CON LOS DEMÁS

Una vez que hayas hecho las paces *con* Dios y comiences a experimentar la paz *de* Dios en tu corazón, Dios quiere que experimentes el gozo de estar en paz *con* todas las personas que hay en tu vida. Él hace esto convirtiéndote en un pacificador. Te da el deseo, luego la capacidad y el poder, para reconciliarte con las personas con quienes has tenido conflictos. *«Cuanto hay de nuevo en nosotros proviene de Dios, quien nos reconcilió consigo por lo que Jesucristo hizo. Y Dios nos ha otorgado la privilegiada tarea de impulsar a la gente a reconciliarse con Dios»* [65]. Cuando Cristo llega a tu vida, una de las primeras zonas donde adviertes una diferencia es en tus relaciones.

¿Te gustaría recibir la bendición de Dios en tu vida y en tu carrera? Jesús dijo: *«Dichosos los que trabajan por la paz, porque Dios los llamará hijos suyos»*[66]. Siempre que intentes restaurar una relación rota, estás haciendo lo que Dios haría. Y cuando ayudas a reunir a quienes han estado distanciados, estás obrando como Cristo. La Biblia lo llama «el ministerio de la reconciliación». Dios te contempla desde arriba y te dice: «¡Ésa es mi hija!» o «¡Ése es mi hijo! Está haciendo lo que yo haría». Los verdaderos hijos de Dios son pacificadores, no busca-pleitos.

Fíjate que Jesús no dijo: «Dichosos los amantes de la paz», porque todo el mundo *ama* la paz. Ni tampoco dijo: «Dichosos los tranquilos», los que no se perturban por nada. Jesús dijo: *«Dichosos los pacifica-dores»*.

¿Qué significa ser un pacificador? No se trata de evitar el conflicto. No se trata de huir del problema o de pretender que no existe. Cuando alguien dice: «no quiero hablar de eso», es cobardía, no pacificación. Cuando rehúsas enfrentar un problema, sólo consigues aumentarlo y profundizarlo. La pacificación tampoco es acceder siempre a las demandas del otro. El ceder siempre y el dejar que otros se salgan con la suya es pasividad, no pacificación. Jesús nunca dijo que fueses una alfombra o un camaleón y que perdieras tu identidad. De hecho, Jesús nunca permitió que otros lo definieran.

Trabajar por la paz significa que procuras activamente ponerle fin a los conflictos, que tomas la iniciativa de promover la reconciliación cuando se rompen las relaciones, y que ofreces perdón a quienes has herido. Muestras a los demás la misma gracia que Dios te ha mostrado. Acercas a las personas unas a otras, en lugar de dividirlas. «*Y los que procuran la paz, siembran la paz para recoger como fruto la justicia*»[67].

Muchas personas están renuentes a reconciliarse

con quienes tienen relaciones muy tensas porque no comprenden la diferencia entre el perdón y la confianza, ni la diferencia entre la reconciliación y la resolución. Temen que si se reconcilian, tendrán que regresar a una relación nociva y disfuncional sin que exista ningún cambio. Ésta es una interpretación errónea de la reconciliación.

Ante todo, la reconciliación no es lo mismo que la resolución. La reconciliación le pone fin a la hostilidad. No significa que has resuelto todos los problemas de la relación. Entierras el hacha, pero no los problemas. Sigues conversando acerca de los problemas y trabajando en ellos, pero ahora lo haces con respeto y amor, en lugar de hacerlo con sarcasmo y con ira. Puedes discrepar y ser agradable a la vez. La reconciliación se concentra en la relación, mientras la resolución se concentra en el problema. Siempre concéntrate primero en la reconciliación. Al hacerlo, se reduce el tamaño del problema y hasta se torna insignificante o se resuelve por sí mismo.

En segundo lugar, hay una gran diferencia entre perdón y confianza. El perdón ha de ser instantáneo y gratuito. Se lo ofrecemos a los demás del mismo modo que Dios nos perdonó. Perdonamos para poder seguir adelante con nuestras vidas en lugar de quedarnos encallados en el pasado debido al resentimiento y la amargura. Recordemos también que Jesús dijo: «*Si no perdonan a otros, tampoco su Padre les perdonará a ustedes sus pecados*»[68]. Pero restaurar la confianza es un asunto diferente. El perdón se ocupa del pasado. La confianza tiene que ver enteramente con el futuro, y debe ganarse con el transcurso del tiempo. La confianza puede perderse en un segundo, pero toma mucho tiempo recuperarla. Si has estado en una relación físicamente abusiva, Dios espera que perdones a esa persona para que la amargura no envenene tu vida;

pero Dios no espera que sigas siendo víctima de los abusos.

He aquí algunos pasos sencillos para ser un pacificador:

- ❖ Planea una conferencia de paz y toma la iniciativa.

- ❖ Identifícate con los sentimientos de los otros y escúchalos para demostrarles que te importan.

- ❖ Ataca al problema, no a la persona, y expresa la verdad con amor.

- ❖ Coopera siempre que sea posible, y busca un terreno común.

- ❖ Pon énfasis en la reconciliación, no en la resolución.

¿Estás permitiendo que quienes te lastimaron en el pasado sigan lastimándote ahora? Siempre que repases y revivas en tu mente lo que sucedió, les permitirás que te sigan hiriendo. Eso es tonto. La Biblia dice: «*Es tal tu enojo que te desgarras el alma*»[69]. El resentimiento es autodestructivo porque siempre le hace más daño a quien lo siente y le prolonga su dolor. Mientras la gente que te ha herido sigue haciendo su vida, el resentimiento te deja anclado en el pasado. Tienes que soltarlo, renunciar a él.

La Navidad, la temporada de «*paz en la tierra, y buena voluntad para con los hombres*», es el tiempo perfecto para ofrecer el don de la gracia a los demás mientras celebras la gracia que Dios te ha mostrado. ¿Con quién necesitas hacer las paces en esta Navidad? Tal vez estés pensando: *Nunca podría perdonar a esa persona. Los recuerdos son demasiado dolorosos y la herida demasiado profunda. No lo puedo dejar atrás así como así. Es* por eso que necesitas a Jesús como tu Salvador. Sólo cuando te sientas plenamente perdonado, serás capaz de perdonar a los que más te han herido. Sólo cuando estés lleno del amor de Jesús, podrás soltar tu dolor y seguir adelante con tu vida.

PARA ABRIR TU REGALO DE NAVIDAD

Cómo te sentirías si gastaras todo lo que tuvieras en comprarme un regalo especial de Navidad, y yo nunca me tomara el tiempo de desenvolverlo ni de abrirlo? Te sentirías desilusionado, herido y enojado por mi actitud insensible; ya que habría rechazado tu cariño y generosidad. Y en lo que a mí respecta, el regalo carecería de valor si lo dejo envuelto en un rincón. No me reportaría ningún beneficio.

Es sorprendente que tantas personas hayan estado celebrando la Navidad todos los años de sus vidas, pero jamás hayan abierto el regalo más valioso de la Navidad. Jesucristo es el regalo de Navidad que Dios te ofrece. Envueltos en Jesús están todos los beneficios y bendiciones que mencionamos en este libro, ¡y muchas más! En Jesús, tu pasado te es perdonado, le encuentras un propósito a tu vida aquí en la tierra, y recibes un hogar en el cielo. ¿Qué sentido tiene celebrar la Navidad si no vas a abrir el mejor de todos los regalos?

El nombre de Jesús significa en su sentido literal: «Dios salva»[70]. Ahora mismo, Jesús te dice: «Puedo quitar la frustración de tu corazón y darte paz. Puedo quitar tu culpa y vergüenza a través de mi perdón. Puedo eliminar tus preocupaciones y ansiedades, y darte confianza. Puedo hacer que tu depresión se transforme en esperanza verdadera. Puedo llenar el vacío de sentido y propósito que hay en tu vida. Si confías completamente en mí, puedo cambiar tu confusión por la claridad. Pero no voy a echar abajo la puerta de tu corazón. Tú eres quien me tiene que invitar a pasar». ¿Estás listo para hacer eso?

No importa si eres católico, protestante, judío, musulmán, budista, hindú, mormón o no tienes ningún trasfondo religioso en absoluto. ¡Dios no envió a Jesús a traernos religión! Él vino para hacer posible la relación con Dios. «*Y no sólo esto, sino que también nos regocijamos en Dios por nuestro Señor Jesucristo, pues gracias a él ya hemos recibido la reconciliación*»[71].

Hace muchos años dije una sencilla oración de dedicación que cambió mi vida. Aparece más adelante, y espero que ahora tú también la digas como tu propia oración a Dios. Pero antes quiero orar por ti.

MI ORACIÓN POR TI

Padre, mientras escribo estas palabras, oro por todos los que habrán de leerlas. No conozco las circunstancias que están viviendo en este preciso momento, pero Tú las conoces. Conoces todos los detalles de sus vidas hasta este día, y los amas profundamente. Gracias por crearlos, por amarlos y por enviar a Jesús a ser su Salvador. Tú planeaste este momento antes de que naciéramos, por tanto sé que oirás la oración que ellos están a punto de decir. Gracias, Señor. Amén.

Ahora te invito a experimentar los propósitos de la Navidad repitiendo esta oración como si fuera tuya propia. La Biblia dice: «*No constituye ninguna diferencia quién eres o de dónde vienes: si quieres a Dios y estás dispuesto a hacer lo que él dice, la puerta está abierta*»[72]. Si estás solo, te animo a leerla dos veces: primero en silencio y luego léela una segunda vez en voz alta.

TU ORACIÓN DE NAVIDAD

Gracias, Dios mío, gracias por enviar a tu
Hijo, Jesús, para que yo pudiera llegar a
conocerte. Gracias por amarme. Gracias por
estar conmigo a lo largo de toda mi vida,
aunque no lo supiera. Me doy cuenta de que
necesito un Salvador que me libere del pecado,
de mí mismo y de todos los hábitos, las heridas
y los complejos que estropean mi vida. Te pido
que me perdones por mis pecados. Quiero
arrepentirme y vivir de la manera que esperas
que viva. Sé el Señor de mi vida, y sálvame
por tu gracia. Sálvame de mis pecados y
sálvame para tu propósito. Quiero aprender a
amarte, a confiar en ti y llegar a ser aquello

para lo que me hiciste. Gracias por haberme
creado y haberme elegido para ser parte de tu
familia. Ahora mismo, por fe, acepto el regalo
de Navidad de tu Hijo. Lléname de tu paz
y seguridad, para que yo pueda ser un
pacificador, y ayúdame a contarles a otros este
mensaje de paz. En tu nombre oro, amén.

Al leer eso, ¿lo hiciste sinceramente como una oración a Dios? Si fue así, ¡felicitaciones! ¡Bienvenido a la
familia de Dios! La Biblia dice que hay gozo en el cielo
cada vez que alguien entrega su vida a Jesús[73]. Si aca-
bas de aceptar ahora el don de la gracia de Dios por fe,
los ángeles están celebrando una fiesta en el cielo por ti,
¡ahora mismo!

¿QUÉ DEBO HACER AHORA?

Lo primero que debes hacer es contarle a otros tu decisión de entregarle tu vida a Cristo! Si te preguntan: «¿Qué significa eso?». ¡Entrégales este libro! Quizás quieras celebrar a Jesús una fiesta de cumpleaños para contar allí la noticia. Si has dedicado tu vida a Jesucristo como resultado de la lectura de este libro, házmelo saber. Te ayudaré a encontrar una buena iglesia local, si no tienes ninguna; te enviaré algunos materiales que te ayudarán a empezar a crecer espiritualmente y te daré una suscripción gratuita a mi mensaje diario de devoción personal por correo electrónico. Envíame tu historia a:

rick@thepeaceplan.com

El segundo paso es comenzar a asistir a una iglesia en la que se enseñe la Biblia. Si no tienes una Biblia, allí pueden decirte dónde obtener una. También pueden ayudarte a recibir el bautismo, que es una expresión pública de tu fe. Haré todo lo que pueda para recomendarte una buena iglesia en tu zona.

El tercer paso sería comunicar a otros el mensaje de paz. Regala este libro a un amigo. Podrías entregar copias del libro como regalo de Navidad. ¡El mejor regalo que puedes darle a una persona es darle a conocer la Buena Nueva!

Finalmente, busca manera prácticas para promover *«paz en la Tierra y buena voluntad entre los hombres»*. Con mucho gusto te enviaré información sobre el Plan P.E.A.C.E. que hemos estado desarrollando. Es una estrategia personal, local y global a través de la cual muchas personas comunes están logrando cambiar su mundo dondequiera que estén. La sigla P.E.A.C.E., *paz* en inglés, proviene de **P**romover la reconciliación, **E**ntrenar a líderes que sirvan a los demás, **A**yudar a los pobres, **C**uidar a los enfermos y **E**ducar a las nuevas generaciones. Los demás te necesitan y tú puedes ayudar a construir un mundo mejor con tu labor como asociado o profesional del Plan P.E.A.C.E.

Escríbeme por correo electrónico a rick@thepeaceplan.com para obtener más información y visita el sitio www.thepeaceplan.com.

Si necesitas otros recursos para una Vida con Propósito, visita el sitio www.saddlebackresources.com.

¡Feliz Navidad!

CELEBRA UNA FIESTA DE CUMPLEAÑOS PARA
JESÚS EN ESTA NAVIDAD

Agenda

❖ Canta algunos villancicos navideños

❖ Lee el relato de la Navidad que aparece en la
Biblia, Lucas 2:1–20; Mateo 2:1–12

❖ Que cada uno de los presentes diga en voz alta
sus respuestas a estas dos preguntas:

> **1.** ¿Qué le agradezco a Dios este año?
>
> **2.** ¿Qué le voy a dar a Jesús en su cumplea-
> ños?

❖ Concluyan orando los unos por los otros

NOTAS

1. Juan 3:16 CST
2. Génesis 1:26
3. 1 Timoteo 6:17 NVI
4. Salmos 145:9 NVI
5. Santiago 1:18 NVI
6. Efesios 3:19 BLS
7. Salmos 139:7 LBLA
8. Mateo 1:23 BAD
9. Hebreos 13:5 DHH
10. Isaías 43:2 BAD
11. Mateo 20:32 NVI; también Marcos 10:36, 51
12. 1 Corintios 11:24 NVI
13. Romanos 8:31 LBLA
14. Jeremías 29:11 BAD
15. 1 Juan 4:18 NVI
16. Juan 3:17 BAD
17. Efesios 2:10 BLS
18. Eclesiastés 7:20 LBLA
19. Romanos 3:23 BAD
20. 1 Juan 1:8–10 LBLA
21. Romanos 7:15–17 NVI
22. Isaías 59:2 BAD
23. Salmos 118:5 BLS
24. Romanos 6:23 NVI
25. 2 Corintios 5:21 CST
26. Proverbios 29:25 NVI
27. 1 Juan 4:18 NVI
28. Efesios 1:4 LBLA
29. Romanos 8:31 LBLA
30. Romanos 8:33 NVI
31. Salmos 27:10 LBLA
32. El papa Benedicto XVI, *Jesus of Nazareth* (Garden City, NY: Doubleday), 282
33. Juan 8:36 DHH
34. Hebreos 2:14–15 LBLA

35. Efesios 1:4a PAR
36. Isaías 53:6 BAD
37. 2 Corintios 5:15 BAD
38. Romanos 6:13b BAD
39. Marcos 8:35 PAR
40. Juan 6:28–29 BLS
41. Juan 19:30 NVI
42. Efesios 2:8–9 NVI
43. Romanos 3:23 LBLA
44. Colosenses 2:14 DHH
45. 1 Juan 2:2 NVI
46. 1 Juan 4:10 NVI
47. 2 Corintios 9:15 NVI
48. 2 Pedro 1:3 CST
49. Romanos 4:5b BAD
50. Hebreos11:6 NVI
51. Juan 14:1 DHH
52. Mateo 27:40 NVI
53. Isaías 9:6 NVI
54. LBLA

55. Santiago 4:1–2 BLS
56. Filipenses 4:6–7 BLS
57. Isaías 53:6 PAR
58. Gálatas 5:19–21 PAR
59. Gálatas 5:22–23 DHH
60. 2 Corintios 5:19 DHH
61. Romanos 5:10 BLS
62. Job 22:21 NVI
63. Isaías 26:3 DHH
64. Mateo 11:28–29 NVI
65. 2 Corintios 5:18 BAD
66. Mateo 5:9 DHH
67. Santiago 3:18 DHH
68. Mateo 6:15 DHH
69. Job 18:4 BAD
70. Mateo 1:21
71. Romanos 5:11 NVI
72. Hechos 10:35 PAR
73. Lucas 15:7

CRÉDITOS DE LAS FOTOGRAFÍAS

Página ii: Paul Viant/Photographer's Choice/Getty Images

Página x: VisionsofAmerica/Joe Sohm/Digital Vision/
Getty Images

Página 2: Fotografía proporcionó por ImageVine.com

Página 10: Fotografía proporcionó por ImageVine.com

Página 12: Werran/Ochsner/Photographer's Choice/
Getty Images

Página 19: Tyler Stableford/Stone+/Getty Images

Página 27: Fotografía proporcionó por ImageVine.com

Página 33: Fotografía proporcionó por ImageVine.com

Página 37: Fotografía cortesía del autor

Página 40: Fotografía proporcionó por ImageVine.com

Página 42: Fotografía proporcionó por ImageVine.com

Página 50: Fotografía proporcionó por ImageVine.com

Página 60: Fotografía proporcionó por ImageVine.com

Página 69: Fotografía proporcionó por ImageVine.com

Página 75: Fotografía proporcionó por ImageVine.com

Página 80: Fotografía proporcionó por ImageVine.com

Página 90: Jon Feingersh/Blend Images/Getty Images

CRÉDITOS DE LAS FOTOGRAFÍAS

Página 92: Michael Goldman/Digital Vision/Getty Images
Página 100: Kevin R. L. Hanson/DK Stock/Getty Images
Página 106: Fotografía proporcionó por ImageVine.com
Página 117: Fotografía proporcionó por ImageVine.com
Página 126: Jose Luis Pelaez Inc./Blend Images/Getty Images

The
P. E. A. C. E.
Plan

El Plan de P.E.A.C.E. es una estrategia a nivel local y mundial para atacar los cinco mayores problemas que afectan a billones de personas: vacío espiritual, corrupción, pobreza, enfermedad y analfabetismo. P.E.A.C.E significa Promover reconciliación, Equipar líderes siervos, Asistir al pobre, Cuidar a los enfermos, y Educar a la próxima generación

Lanzado por Rick Warren en la Iglesia de Saddleback en el 2003, más de 8000 voluntarios trabajando en grupos pequeños lo han probado en 68 países. Hoy la Coalición de P.E.A.C.E incluye iglesias, negocios, gobiernos, e individuos asociados juntos alrededor del mundo.

Usted puede hacer la diferencia en el mundo como un socio de P.E.A.C.E

Email rick@thepeaceplan.com para mas información o visite la pagina www.thepeaceplan.com

Para otros recursos del ministerio, visite
www.recursosdesaddleback.com